EDAF
MADRID - MÉXICO - BUENOS AIRES

RICHARD WEBSTER

CÓMO VER
E INTERPRETAR
EL AURA

Una guía para conocer y trabajar
con los cuerpos energéticos

TABLA DE ESMERALDA
Bolsillo

Título del original:
AURA READING FOR BEGINNERS

© De la traducción: MARÍA SARHAN
© 1998. By Richard Webster.
© 1998. De esta edición, Editorial EDAF, S.A., por acuerdo con LLEWELLYN PUBLICATIONS, una División de LLEWELLYN WORLWIDE, Inc., Minnesota, USA.

EDAF, S. A. Jorge Juan, 30. 28001 Madrid.
Dirección en Internet: http://www.edaf.net
Correo electrónico: edaf@edaf.net

Edaf y Morales, S. A.
Oriente, 180, n° 279. Colonia Moctezuma, 2da. Sec.
C. P. 15530. México, D. F.
Dirección en Internet: http://www.edaf-y-morales.com.mx
Correo electrónico: edaf@edaf-y-morales.com.mx

Edaf y Albatros, S. A.
San Martín, 969, 3.°, Oficina 5.
1004 - Buenos Aires, Argentina.
Correo electrónico: edafal3@interar.com.ar

No está permitida la reproducción total o parcial de este libro, ni su tratamiento informático, ni la transmisión de ninguna forma o por cualquier medio, ya sea electrónico, mecánico, por fotocopia, por registro u otros métodos, sin el permiso previo y por escrito de los titulares del Copyright.

6.ª edición, junio 2001

Depósito legal: M- 24.273-2001
ISBN: 84-414-0476-3

PRINTED IN SPAIN   IMPRESO EN ESPAÑA
Gráficas COFÁS, S. A. - Pol. Ind. Prado de Regordoño - Móstoles (MADRID)

Dedicatoria

A *Eden*, nuestro primer nieto

Abrid una ventana a vuestra alma

«Veréis mucha más belleza en el mundo y os preguntaréis cómo no la visteis en el pasado.»

RICHARD WEBSTER

CUANDO estéis entusiasmados y admirados, que no os sorprenda si un refulgente resplandor amarillo aparece de pronto en torno a vosotros. Perded los nervios, y un fulgor rojo podrá flotar alrededor de vuestro cuerpo. Haced algo magnánimo, y vuestra aura se expandirá. Expuesto de forma sencilla, el aura es la manifestación física del alma.

Ahora podéis aprender a ver la energía que emana de vosotros y de otras personas mediante métodos probados que Richard Webster enseña en sus clases de entrenamiento psíquico.

Aprended a sentir el aura, a ver sus colores y a interpretar el significado de dichos colores. Explorad el sistema de chakras y el modo de restaurar el equilibrio entre los chakras que tienen exceso o defecto de estímulo. Grabad vuestros deseos en vuestras auras para atraer lo que queréis de la vida. Todo es posible con *Lectura de auras para principiantes*.

Índice

	Págs.
INTRODUCCIÓN	13
1. ¿Qué es el aura?	29
2. Sentir el aura	49
3. Cómo ver las auras	65
4. Los colores del aura	77
5. Los chakras	109
6. Interpretar los colores	131
7. Salud en el aura	145
8. La autosuperación y el aura	161
9. Lectura de auras	197
CONCLUSIÓN	215
APÉNDICE A: SIGNIFICADO DE LOS COLORES	217
APÉNDICE B: CLAVES PARA LOS CHAKRAS	225
GLOSARIO	229
PARA ESCRIBIR AL AUTOR	237

Introducción

DE niño fui a un colegio religioso. Todos los jueves por la mañana asistíamos a misa antes de las clases. Me interesaba mucho la música y siempre me situaba de modo que pudiera ver al señor Gardner, el organista. Él también enseñaba música y fue uno de los mejores maestros que jamás tuve.

Una mañana, mientras lo observaba interpretar a Bach, quedé sorprendido al ver hermosos colores que emanaban de él y subían hacia el alto techo abovedado. Esa visión me fascinó; llamé la atención del niño que tenía a mi lado.

—Mira qué colores tan hermosos —dije.

El chico miró, pero no vio nada. No recuerdo qué dijo, pero bastó para que ya no le mencionara a nadie más los colores.

A partir de ese momento, vi colores alrededor del señor Gardner casi siempre que tocaba. Sencillamente di por hecho que los colores estarían allí, y no me pareció extraño que jamás los observara en torno a nadie más, ni siquiera en el cura de la escuela.

Años más tarde, después de una conferencia, alguien se me acercó y sugirió que los colores podrían haber sido reflejos procedentes de los vidrios tintados de las ventanas de la capilla. Me pareció improbable, ya que estaba familiarizado con los preciosos motivos que proyectaban las ventanas sobre la congregación los domingos por la mañana. No obstante, volví a la capilla a comprobarlo. El órgano estaba situado de tal manera que era imposible que los vidrios tintados se reflejaran sobre el organista.

Lo que yo había visto era mi primer aura. Fui afortunado de ver colores desde el principio. La mayoría de la gente empieza viendo un «entorno» casi incoloro, y los colores sólo aparecen poco a poco. Como era un niño, el aura me pareció natural, a pesar de los comentarios del chico sentado a mi lado. No lo analicé ni pensé muy a menudo en ello. Alguna vez veía el aura del señor Gardner en clase cuando tocaba el piano. No obstante, jamás era visible mientras enseñaba.

Uno o dos años después, el señor Gardner fue el maestro de mi clase. Su método de mantener la disciplina era, si nos habíamos portado bien durante la semana, leernos algo todos los viernes por la tarde. El libro que leía era uno de los favoritos de su infancia, y sostenía ese libro viejo y gastado con reverencia y amor. La historia era una aventura estimulante, por lo que nuestro comportamiento en clase mejoró, semana tras semana, ya que resultaba mucho más divertido seguir la última entrega de la historia que estudiar matemáticas. Mientras él leía, su aura crecía y lo rodeaba con brillantes colores.

En cuanto me hice adolescente, de vez en cuando notaba las auras alrededor de otras personas, por lo general cuando hablaban con entusiasmo de algo que era de su interés. Sin embargo, siempre sucedía de forma fortuita. Jamás pensaba en percibir las auras, pero tampoco me sorprendía al ver una.

A los diecisiete años asistí a una serie de conferencias en la Sociedad Teosófica y descubrí que el tema abarcaba mucho más que lo que yo había pensado con anterioridad. Me sorprendió descubrir que la mayoría de los asistentes se afanaba en tratar de ver algo que yo había dado completamente por hecho la mitad de mi vida. Quería intervenir y decir que se esforzaban demasiado, que sólo debían relajarse y dejar que aconteciera, pero era muy tímido y reservado.

Sigo creyendo que el mejor modo de aprender a ver auras es hacerlo de una manera relajada y gozosa. Si se intenta con sombría obstinación, toda la diversión se desvanece y tener éxito se vuelve algo casi imposible.

Tuve un ejemplo claro de ello hace muchos años, cuando empecé a dirigir clases de desarrollo psíquico. Una señora en la clase estaba desesperada por ver auras. A pesar de advertirle que se divirtiera con los distintos ejercicios, enfocaba cada uno como si se tratara de una cuestión de vida o muerte. Su nivel de tensión aumentaba cada vez que diferentes miembros de la clase informaban de su éxito y ella seguía sin poder ver nada. Se llevó a casa las notas tomadas en clase y las dejó en el salón. Una noche, su marido las recogió y se puso a leerlas. Había tomado dos copas y creyó que sería divertido probar los ejercicios. Su esposa se mostró escéptica, ya que él siempre había expresado una incredulidad total sobre el tema. Sin embargo, y en parte para complacerlo, aceptó y juntos se pusieron a realizar algunos de los ejercicios. Para su sorpresa, ella descubrió que podía ver las auras con facilidad. Quedó aún más atónita al descubrir que lo mismo le sucedía a su marido. De hecho, éste se mostró tan aterrado con la experiencia que pasaron varios meses antes de que pudiera volver a participar en algún experimento con ella. Lo interesante de esta historia es que, en clase, esta señora tenía la firme determinación de ver auras, pero no podía. Y en casa, disfrutando de un experimento divertido para complacer a su marido, consiguió el éxito con facilidad.

En este libro he incluido todos los ejercicios de mis clases de desarrollo psíquico. Si los practicáis con espíritu divertido, tengo plena confianza de que también vosotros seréis capaces de ver y de interpretar auras.

La gente ha podido ver auras desde tiempos inmemoriales. Muchos dibujos y pinturas rupestres antiguos muestran a personas luciendo un tocado extraño. Los dibujos de la región de Val Carmonica, en el norte de Italia, son especialmente llamativos. Algunas autoridades afirman que ello demuestra que en el lejano pasado tuvimos visitantes del espacio exterior. Es posible, desde luego, pero lo más probable es que se trate de un retrato tosco de un aura, en particular porque algunos de esos dibujos muestran lo que parecen ser llamas que rodean la cabeza. Asimismo, los tocados que llevaban los jefes de los americanos nativos bien podrían reflejar el aura. Los sacerdotes mayas también lucían tocados emplumados.

Los santos han sido mostrados con auras luminosas o doradas desde mucho antes de los tiempos cristianos (véase la figura A). Esos halos alrededor de la cabeza se han encontrado en retratos antiguos de Egipto, la India, Grecia e Italia, y no cabe duda de que reflejan auras[1].

Las auras también se mencionan en los libros sagrados de todas las civilizaciones. Parece muy probable que el rostro de Moisés estuviera rodeado por un halo cuando bajó del monte. «Mas no sabía que a causa de la conversación con el Señor, su

---

[1] *The Human Aura*, de Winifred G. Barton, Psi-Science Productions, Ottawa, Canadá, s.f., página 5.

FIGURA A.
Halo en retratos antiguos.

rostro resplandecía. Aarón, pues, y los hijos de Israel, viendo resplandeciente la cara de Moisés, temieron acercársele»[2]. Homero describió el aura como «una nebulosa derivada de la esencia divina, y por ello llegó a simbolizar poder»[3]. Las auras aparecieron por primera vez en los escritos occidentales hace unos 2.600 años, cuando los pitagóricos empezaron a incorporarlas a sus enseñanzas[4].

Desde tiempos inmemoriales la gente ha considerado las auras como la residencia verdadera de la fuerza vital. Los hindúes llamaban *prana* a esta energía. En Polinesia, los hunas la llamaban *mana*. Paracelso la llamó *munis*. Mesmer la llamó *magnetismo animal*[5]. El barón von Reichenbach la llamó *od*, y en la actualidad los psíquicos la llaman *fuerza etérica*.

---

[2] *La Biblia* (Éxodo 34:29, 30).

[3] *The Human Aura*, de Winifred G. Barton, página 25.

[4] *A Layman's Guide to New Age and Spiritual Terms*, de Elaine Murray, Blue Dolphin Publishing, Inc., Nevada City, 1993, página 25.

[5] *The Occult Explosion*, de Nat Freedland, G. P. Putnam's Sons, Nueva York, 1972. Reeditado por Berkley Publishing Corporation, Nueva York, 1972, página 23.

INTRODUCCIÓN

Los santos y místicos medievales pudieron ver cuatro tipos distintos de auras: el Nimbo, el Halo, la Aureola y la Gloria. Los dos primeros rodean la cabeza, la Aureola rodea todo el cuerpo y la Gloria combina los otros tres en un todo único[6]. Es obvio que los santos y las otras personas sagradas poseen un Nimbo y un Halo extremadamente fuertes, que los artistas veían con facilidad y retrataban.

Paracelso (1493-1541), el famoso filósofo y médico suizo, fue una de las primeras personas en Occidente en escribir sobre el aura. Tras graduarse en la universidad se dedicó a viajar por Europa, donde pasó gran parte del tiempo con gitanos y alquimistas. También aprendió todo lo que pudo sobre hierbas, odontología y teosofía. Durante ese periodo descubrió la información que más adelante aparecería en sus escritos. Paracelso creía que había una fuerza vital que «irradia del interior de los seres vivos como una esfera luminosa»[7]. La consideraba una influencia magnética que podía usarse para curar a los pacientes. En 1528 se vio obligado a renunciar a su puesto como profesor de Medicina y Cirugía porque sus enseñanzas eran consideradas muy poco ortodoxas. Paracelso mu-

---

[6] *Encyclopaedia of Psychic Science*, de Nandor Fodor, University Books, Inc., Nueva York, 1966, página 17.

[7] *The Human Aura*, editado por Nicholas Regush, Berkley Books, Nueva York, 1977, página 1.

rió en 1541 debido a unas heridas recibidas después de que el criado de un médico que estaba en desacuerdo con sus puntos de vista lo tirara por una ventana.

A sir Isaac Newton (1642-1727), físico y matemático, se lo recuerda mejor por observar la caída de una manzana al suelo. Pensar en ello le permitió enunciar sus tres leyes fundamentales de la mecánica, que condujeron a la Ley de la Gravitación. Sin embargo, se trataba de un hombre de talentos múltiples que trabajó en muchos campos. Como matemático inventó el cálculo infinitesimal. En la ciencia descubrió la composición de la luz blanca. Como funcionario civil fue custodio de la Casa de la Moneda. En 1666, como filósofo, desarrolló el concepto de un campo de fuerza u «ondas de fuerza» que rodean a todos los seres vivos. Asimismo, fue la primera persona en hacer pasar la luz blanca a través de dos prismas, lo cual condujo a las leyes de la refracción y la reflexión. Sus «ondas de fuerza», además de su interés en el color y la luz, lo convierten en uno de los pioneros en la investigación del aura.

Franz Mesmer (1734-1815) era un médico vienés que quedó fascinado con el magnetismo y que empleó imanes para ayudar a curar a sus pacientes. Creía que en el cuerpo humano existía un poder similar al magnetismo. En 1775 publicó su libro *Dissertation on the Discovery of Animal Magnetism* y se dedicó a viajar intensamente para exponer sus hallazgos. Por desgracia, su enfoque teatral y sus excentricidades eran opuestos a la profesión médica y, en 1784, una comisión encabezada por Benjamin Franklin lo llamó matasanos y charlatán.

El siguiente nombre importante en la historia del aura es el barón Karl von Reichenbach (1788-1869), descubridor de la parafina. Reichenbach era un industrial y metalúrgico alemán que se sintió frustrado cuando sus ideas no fueron aceptadas por los demás. Con el tiempo, decidió trasladar sus puntos de vista directamente al público a través de una serie de *Letters on Od and Magnetism*. El «Od» es el nombre que usó para describir una energía universal con la que estaba más en sintonía la gente sensible, en particular los psíquicos. Creía que esa «fuerza ódica» (bautizada en honor de Odín, uno de los principales dioses de la mitología nórdica) era creada por imanes, cristales y seres humanos. Las personas sensibles no sólo podían sentirla, sino que bajo ciertas circunstancias podían verla. Por ejemplo, descubrió que la gente sensible podía percibir una sensación agradable y fresca emanar de la parte superior de un cristal, y desagradable y templada de la parte inferior.

En mayo de 1844 realizó unas pruebas con Angélica Sturmann, una muchacha joven y dotada. La colocó en un cuarto oscuro con un cristal y ella informó haber visto una fina luz azul irradiar de la parte superior del cristal. La luz estaba en constante movimiento y de vez en cuando emitía chispas. Cuando Reichenbach le dio la vuelta al cristal, Angélica pudo ver un humo denso amarillo y rojo salir del extremo inferior. El barón quedó encantado con el resultado. Sin embargo, se exaltó aún más al descubrir que Angélica sólo era una de tantas miles de personas que más adelante vieron colores irradiar de los cristales de Reichenbach[8]. También descubrió que el cuerpo humano produce una polaridad similar a la de los cristales. Consideraba que el lado izquierdo del cuerpo era el polo negativo y el derecho el positivo.

En sus numerosos artículos, el barón incluyó muchos experimentos para que los probaran sus lectores. Causaron sensación en toda Europa, donde miles de personas los llevaron a la práctica con el fin de ver esa fuerza ódica. «Por favor, probadlo vosotros mismos», dijo una y otra vez a los lectores de sus artículos[9].

El doctor Walter J. Kilner (1847-1920) abrió nuevas fronteras en 1908 al descubrir un proceso que permitía que cualquiera viera el aura. Su libro *The Human Aura* fue profético, porque en él expo-

---

[8] *The Human Aura*, editado por Nicholas Regush, página 24.

[9] *Handbook of Psi Discoveries*, de Sheila Ostrander y Lynn Schroeder, Sphere Books Limited, Londres, 1977, página 203. Este libro también contiene varios experimentos del barón von Reichenbach.

nía su creencia de que con el tiempo el aura humana podría ser fotografiada. El proceso de Kilner para ver auras involucraba una pantalla que contenía dos láminas de cristal con una separación de una octava de pulgada. Ese espacio se llenaba con una solución de dicianina, que es un tinte de color índigo-violeta. La pantalla resultante permitía a la gente ver el espectro ultravioleta. En consecuencia, cualquiera que mirara por ella era capaz de ver las auras. Kilner informó que la primera persona que observó a través de la pantalla fue una mujer de veintitrés años que tenía un aura azul grisácea con rayos que irradiaban de su cuerpo. El doctor Kilner quedó entristecido por la respuesta que obtuvo de la fraternidad médica, que se rió de sus hallazgos. De hecho, en 1912 el *British Medical Journal* comparó sus descubrimientos con la «daga imaginaria» de Macbeth[10]. Kilner creía que cualquier médico podría emplear la pantalla como un instrumento de diagnóstico, ya que las regiones del cuerpo que no estaban sanas aparecían como una zona oscura en el aura. A pesar de la pérdida de reputación que sufrió, continuó con sus experimentos y su último libro, *The Human Atmosphere*[11], se editó en 1921.

---

[10] *The Human Aura*, editado por Nicholas Regush, página 33.
[11] *The Human Atmosphere*, de W. J. Kilner, MA, MB, ChB, MRCP, Kegan Paul, Trench, Trubner & Company, Londres, 1920.

El siguiente tratado serio sobre el tema de las auras no apareció hasta 1937, cuando se publicó el libro de Óscar Bagnall, *The Origin and Properties of the Human Aura*. Continuaba desde donde lo había dejado el doctor Kilner, y desarrollaba una pantalla que contenía pinacinol y metaleno azul. La gran ventaja de la pantalla de Bagnall era que se podía llevar como gafas. Estos «anteojos de auras» aún se pueden comprar en la actualidad.

A fines de la década de 1930, un científico ruso llamado Semyon Kirlian descubrió por accidente cómo fotografiar el aura. Cuando un paciente recibía tratamiento de choque en una institución mental, observó un resplandor diminuto de luz entre la piel del paciente y un electrodo. Kirlian se quemó cuando intentó fotografiar por primera vez esa luz, pero la placa fotográfica reveló un campo áurico, por lo que de inmediato olvidó el dolor.

Kirlian, junto con su esposa Valentina, investigó con sus propios medios durante más de veinte años, perfeccionando el proceso en su diminuto apartamento de dos dormitorios. Poco a poco se corrió la voz sobre su descubrimiento y, por último, en la década de 1960, el Ministerio de Sanidad ruso les concedió una beca. Los Kirlian llevaron a cabo numerosos experimentos, incluyendo uno interesante en el que les dieron dos hojas de aspecto idéntico. Sacaron fotografías de ellas y una hoja mostró un aura brillante y encendida, mientras que la otra exhibió un aura débil y apagada. La primera hoja estaba sana, pero la segunda estaba enferma.

Las fotografías de Kirlian son asombrosamente hermosas, y cuando se supo de ellas por primera vez en Occidente, el interés en los círculos de parapsicología fue intenso. No obstante, el experimento decayó gradualmente cuando los científicos señalaron que las fotografías no eran más que una *descarga de corona*[12]. Todavía no se sabe si realmente éste es el caso. La fotografía de Kirlian no emplea una cámara. Por lo general se coloca el objeto fotografiado entre dos placas de metal que oscilan hasta 200.000 ciclos por segundo. Las fotografías de dedos o manos se crean situando la parte a fotografiar contra una película que reposa contra una placa de metal cargado.

En 1953, el doctor Mijaíl Kuzmich Gaikin, un cirujano de Leningrado, leyó un artículo sobre los Kirlian. Quedó fascinado al descubrir que las fotografías de auras que habían sacado le recordaban el momento en que, siendo cirujano en la Segunda Guerra Mundial, observó a médicos chinos emplear la acupuntura. Éstos le informaron sobre los 700 puntos de la piel en los que se podía re-

---

[12] *Electrical Coronas*, de L. B. Loeb, University of California Press, 1965, páginas 23-27. El efecto corona es el fenómeno eléctrico que produce la aurora boreal, y el efecto conocido como fuego de Santelmo, en el que a veces, durante la tempestad, se ven resplandecientes bolas de luz.

currir a la Energía Vital, o Fuerza Vital. Contempló a esos médicos cambiar el flujo de energía de los pacientes en esos puntos y producir curas. Al examinar las fotografías de auras en el pequeño despacho de los Kirlian, fue consciente de que las áreas donde las luces brillaban con más intensidad coincidían con los puntos de acupuntura que los chinos habían conocido durante miles de años[13]. Este descubrimiento facilitó mucho la detección de los puntos de acupuntura. De hecho, el doctor Gaikin y Vladislav Mikalevsky, un ingeniero de Leningrado, inventaron un aparato electrónico capaz de localizar una posición de acupuntura a una precisión de una décima de milímetro[14].

En realidad, los Kirlian no fueron los primeros en fotografiar auras. La máquina Schlieren, un invento alemán del siglo XIX cuya finalidad era detectar defectos en el cristal, también detecta lo que pueden ser auras, aunque los científicos afirman que lo que fotografía sólo son corrientes de convección. Sea como fuere, tanto los científicos como los psíquicos ahora aseveran que todos estamos rodeados de energías que para la mayoría de la gente son invisibles. De hecho, los científicos

---

[13] *Psychic Discoveries Behind de Iron Curtain*, de Sheila Ostrander y Lynn Schroeder, Bantam Books, Nueva York, 1971, página 227.
[14] *A Layman's Guide to New Age and Spiritual Terms*, de Elaine Murray, página 28.

ya son capaces de observar las auras en cintas de vídeo, e informan que «alrededor del cuerpo humano existe un campo fino y palpitante»[15].

En la actualidad, en las convenciones de psíquicos se pueden encontrar personas que se ofrecen a fotografiar el aura. Por desgracia, en vez de fotografiar el aura verdadera, esas cámaras crean un aura de forma electrónica. Por lo general, funcionan adhiriendo sensores a la piel de la persona que va a ser fotografiada. La resistencia eléctrica que se mide es transmitida a un procesador electrónico que genera un patrón alrededor de dicha persona. Es divertido que te saquen una fotografía con una de esas cámaras, pero el resultado no es una fotografía verdadera del aura.

Hemos avanzado mucho desde que los pueblos primitivos dibujaron auras en las paredes de las cuevas. En la actualidad podemos emplear aparatos artificiales para ver las auras y demostrar de forma concluyente su existencia. A pesar de ello, muy poca gente se ha mostrado dispuesta a dedicar tiempo y energía suficientes para desarrollar su conciencia de aura y poder verlas cuando lo desee.

Felicidades por emprender un viaje estimulante y muy provechoso.

---

[15] *Everyone is Psychic*, de Elizabeth Fuller, Crown Publishers, Inc., Nueva York, 1989, página 154.

1

¿Qué es el aura?

SEGÚN el diccionario, el aura es una irradiación invisible o campo de energía que rodea a todos los seres vivos. Como hay un campo de energía alrededor de todo, incluso una roca o una mesa de cocina poseen un aura. De hecho, ésta, aunque rodea la totalidad del cuerpo, forma parte también de cada célula del cuerpo y refleja todas las sutiles energías vitales. Por ello, se puede considerar como una simple extensión del cuerpo, y no como algo que lo rodea. El nombre *aura* procede del vocablo griego *avra*, que significa brisa. Las energías que fluyen a través de nuestras auras reflejan nuestra personalidad, estilo de vida, pensamientos y emociones. Las auras revelan de forma vívida nuestro bienestar mental, físico y espiritual.

Algunas personas afirman que el aura no es más que un fenómeno electromagnético y que debería ignorarse. Otras creen que se compone de las chispas de la vida y alberga nuestra conciencia superior, que nos proporciona las energías necesarias para que vivamos y funcionemos. Y otras aún consideran que el aura es un reflejo de nosotros mismos, que contiene un registro completo de nuestro pasado y presente, e incluso del futuro. De hecho, es probable que se trate de una mezcla de todas estas cosas.

Los científicos coinciden en que todos poseemos lo que se conoce como aura físico. Está compuesto de materia física y de campos de energía que rodean el cuerpo. Como la gente, por lo general, es afectuosa en relación a su entorno, todos tenemos gradientes termales que dan como resultado corrientes de aire próximas a nuestro cuerpo. La energía infrarroja es irradiada desde nuestro cuerpo. También nos rodean campos de iones electrostáticos o eléctricos. Asimismo, emitimos niveles bajos de radiación electromagnética (ondas de radio) y de baja frecuencia de hasta cien kilociclos[1].

No obstante, el aura también contiene color, y éste es creado por la luz. Sir Isaac Newton fue el primero en demostrarlo en 1666 al observar la ac-

---

[1] *The Human Aura*, editado por Nicholas Regush, Berkley Books, 1977. Artículo del doctor Charles Tart titulado «The Scientific Study of the Human Aura», página 141. Publicado originalmente en el *Journal of the Society for Psychical Research*, 46, 751, 1972.

ción de la luz del sol al pasar por un prisma de cristal, creando un arco iris. Fue un descubrimiento revolucionario, ya que hasta entonces todo el mundo creía que el color era una parte inherente a cada objeto. Como todas las personas adelantadas a su tiempo, Newton fue ridiculizado por sus ideas. Sin embargo, persistió en sus experimentos y observó qué pasaba al pasar la luz por dos prismas. La luz del primer prisma se dividía en un arco iris, pero éste volvía a convertirse en una luz clara cuando pasaba por el segundo prisma. Ello respondía de forma precisa a los comentarios de sus críticos de que el color ya se hallaba en el interior del prisma de cristal y que la luz del sol sencillamente recogía el color que ya estaba allí.

Sir Isaac Newton había descubierto la refracción. La luz es refractada, o «doblada», cuando pasa por el prisma. El rojo se refracta menos que otros colores, ya que posee la longitud de onda más larga. El violeta posee la más corta y es el que más se refracta[2]. Aunque llamamos colores al negro y al blanco, de hecho son, respectivamente, polaridades opuestas de oscuridad y luz. Newton, desde luego, demostró que la luz blanca contiene todos los colores.

---

[2] La luz roja tiene una longitud de onda de 0,8μ, mientras que la violeta es de 0,4μ (una micra es 1/1.000 de milímetro).

Goethe lo describió muy bien cuando escribió: «Los colores son los sufrimientos de la luz.» Con ello quería decir que a medida que desciende el ritmo vibratorio de la luz blanca los diferentes colores se hacen visibles[3].

Cuando la luz alcanza la superficie de un objeto, algunos de los colores se absorben. Los que son reflejados de vuelta son los únicos que somos capaces de ver. Por ello, una hoja verde nos parece verde porque ha absorbido el resto de colores.

Los colores más oscuros absorben más que los colores más claros. Por ello en verano tendemos a llevar colores más claros. Tengo un amigo que durante todo el año sólo va de negro. En verano se sofoca, aun cuando la ropa que se pone es de un material ligero. La causa es que el material negro está absorbiendo todos los colores del arco iris.

La luz viaja por el espacio en forma de ondas a una velocidad de 297.600 kilómetros por segundo. Algunas de esas ondas tienen más de 160.000 kilómetros de extensión, mientras que otras son microscópicas. En el centro se halla el espectro luminoso, una pequeña franja de energía vibrante que podemos ver.

No fue hasta 1676 cuando el astrónomo danés Olaf Roemer descubrió la velocidad de la luz. Para la época se trataba de un concepto revolucio-

---

[3] *Color and Music in the New Age*, de Corinne Heline, DeVorss and Company, Marina del Rey, 1964, página 40.

nario. Hasta entonces, se creía que la luz sencillamente existía y no necesitaba tiempo para viajar [4].

Resulta fascinante, entonces, comprobar que nuestras auras no están compuestas de alguna forma de luz. Ésta es una creencia errónea muy común, pues aunque en la actualidad los instrumentos científicos pueden detectar cada parte del espectro luminoso, son incapaces de detectar las auras. Nuestra capacidad de verlas es una especie de clarividencia. Pero no hace falta que esto os preocupe, ya que se trata de una habilidad perfectamente natural que todos poseemos.

En la década de 1960, John Ott, un importante investigador de la luz, descubrió que el ojo desempeña dos funciones por completo distintas. Cuando la luz entra en el ojo, es transmitida al cerebro a través del nervio óptico. Ello nos permite ver. John Ott descubrió que la luz también es recibida por un núcleo de células que hay en la retina del ojo que transmite la información al hipotálamo. El hipotálamo es una pequeña protuberancia en forma de ciruela situada en la base cerebral que controla unas cuantas funciones importantes, como el sentido del equilibrio, el impulso sexual, el peso y los niveles de estrés. También controla la glándula pituitaria, que a su vez influye en to-

---

[4] *From Copernicus to Einstein*, de Hans Reichenbach, Philosophical Library, Nueva York, 1942. Mi edición es de Dover Publications, Inc., Nueva York, 1980, página 31.

das las glándulas endocrinas. John Ott teorizó que la luz, al ser enviada a la glándula pituitaria, debía afectar nuestro crecimiento y salud a un nivel inconsciente[5]. Este descubrimiento tiene unas aplicaciones importantes en la sanación por colores y en determinar la salud del aura.

Aunque las auras no son creadas por la luz, ésta es necesaria para verlas. Las auras crecen y se expanden bajo la luz del sol y se encogen en interiores. Es obvio que se contraen aún más en una oscuridad total. Pero no desaparecen por completo, y se pueden ver como pequeñas y finas líneas azuladas de energía. De niño yo solía disfrutar metiéndome debajo de las sábanas de la cama y acercando las yemas de los dedos para observar las finas líneas de energía que danzaban entre ellas.

A lo largo de la historia, algunas personas han sido capaces de ver auras. Sin embargo, sólo en tiempos recientes los científicos han podido verificar la existencia de ese «entorno» invisible que la gente psíquica siempre ha tenido la capacidad de ver.

De hecho, muchos pueden ver auras de niños, pero pierden esa habilidad a medida que crecen. Mi experiencia de ver de repente el aura alrededor del maestro de música no es inusual en los niños, y al ser pequeño yo sencillamente di por sentada esa ex-

---

[5] *New Idea*, 2 de noviembre, 1985, páginas 69-71. Artículo no atribuido a ningún autor, titulado «Moody Blues... and Yellows».

periencia. Sólo al hacernos mayores y descubrir que esas cosas son supuestamente imposibles es cuando perdemos dicha capacidad. Por fortuna, en la actualidad muchos padres y maestros son más perceptivos que hace unas décadas, y fomentan el potencial psíquico en los niños. No obstante, en este sentido aún queda un largo camino que recorrer.

A medida que desarrolléis vuestra percepción de las auras descubriréis que de vez en cuando veréis de manera espontánea las de otras personas. Por lo general, habrá un motivo para ello. Puede que de forma inesperada os encontréis con alguien que queréis y, al alegraros de ver a vuestro amigo, de pronto observéis su aura. Tal vez incluso sea una advertencia si de repente veis a alguien con un aura oscura. Si alguien pierde súbitamente los nervios, es muy probable que contempléis a su alrededor una neblina áurica de un rojo sucio. Si alguien hace algo magnánimo o generoso, es posible que su aura se expanda y se torne muy visible durante un periodo de tiempo breve. En una fiesta a la que asistí hace unos años experimenté la triste situación de percibir el aura de alguien que había en el otro extremo del salón. Era débil y tenue, lo que me reveló que dicha persona no se hallaba bien. Dos días después murió. Durante mucho tiempo me pregunté por qué vi de pronto su aura cuando no pude ver ninguna otra en aquella fiesta. Ahora creo que su aura indicaba el hecho de que estaba a punto de pasar a otra encarnación.

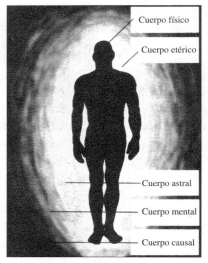

FIGURA 1.1.
Campos de energía del aura.

Las auras se ven de formas diferentes. Por lo habitual, se ven como campos de energía que rodean por completo el cuerpo como si fuera un huevo enorme (figura 1.1). De hecho, mucha gente ha descrito el aura como un «huevo áurico»[6]. La mayoría de las auras se extiende más de medio

---

[6] *Occult Illustrated Dictionary*, de Harvey Day, Kaye and Ward Ltd., Londres, 1975, página 14. (También editado en los Estados Unidos por Oxford University Press Inc., Nueva York, 1976.)

metro alrededor del cuerpo. Se cree que cuanto más evolucionada espiritualmente sea la persona, más grande será su aura. Por ejemplo, se consideraba que la del Buda se extendía varios kilómetros. Dentro de ese gran huevo hay líneas de fuerza y energía, que irradian en todas las direcciones y reflejan los procesos de pensamiento, los sentimientos, la salud y el potencial de la persona (figura 1.2).

Figura 1.2.
Energía irradiadora del aura.

Las auras están compuestas de campos de energía que fluyen en ángulo recto entre sí. Los primeros lo hacen hacia arriba y abajo del cuerpo en dirección vertical. En ángulos rectos a éstos están los campos de energía que fluyen alrededor del cuerpo en dirección horizontal. Por último, otras ondas de energía emanan de la columna vertebral y la cabeza hacia las extremidades exteriores del aura. Todas se entrecruzan y crean una malla de energía magnética entretejida.

Las auras están compuestas por capas diferentes. Algunos psíquicos son capaces de ver varias capas (conocidas como cuerpos sutiles), y la mayoría de la gente entrenada ve al menos tres[7]. En la interpretación tradicional cada capa del aura representaba un campo diferente de la vida. Por ejemplo, el aura mental gobernaba los procesos de pensamiento y el aura astral las emociones. Sin embargo, en nuestras vidas cotidianas por lo general actuamos con una mezcla de éstos. Todavía usamos las emociones cuando pensamos, e incluso cuando actuamos de forma emocional aún está involucrado el pensamiento. En la actualidad, somos conscientes de que todo está interrelacionado e integrado y, por ello, tendemos a considerar el aura como un todo.

La única excepción es el doble etérico. Se trata de un entorno extremadamente fino, casi invisible, que se extiende entre uno y dos centímetros alrededor del cuerpo (figura 1.3). Se expande durante el sueño y se contrae durante las horas de vigilia. Parece funcionar como una batería que se recarga a sí misma por la noche.

---

[7] Las tres capas son el Aura Mental, el Aura Astral y el Aura Espiritual. Ésta última rodea a las otras capas, y el grado de espiritualidad de la persona se revela por la coloración y tamaño de esta capa del aura. Se decía que el aura de Gautama el Buda se extendía varios kilómetros. El aura de Jesús era incluso más grande. San Pablo escribió: «Porque dentro de él vivimos, nos movemos y existimos» (Hechos de los Apóstoles, capítulo 17, versículo 28).

Cuando la gente desarrolla por primera vez la visión áurica ve el doble etérico como un espacio entre el cuerpo físico y el aura propiamente dicha. No obstante, a medida que su visión crece adquiere conciencia de que el doble etérico tiene una tonalidad grisácea, pero que titila, se mueve y cambia de color constantemente. Este movimiento permanente dentro del cuerpo etérico

FIGURA 1.3. *Doble etérico.*

crea una amplia variedad de colores casi luminosos que son delicados y están en constante cambio. Al doble etérico a veces se lo conoce como el aura de salud, ya que en él se pueden ver las enfermedades como manchas oscuras o una ruptura en los movimientos del aura. En última instancia, la zona se parece a una fuente oscura y estancada dentro del doble etérico. Asimismo, la mala salud puede determinarse por la pérdida de coloración que se produce en él. Probablemente por ello es por lo que muy a menudo se lo describe como de color gris. Es interesante comprobar que habitualmente la mala salud se puede determinar antes de que la persona sea consciente de que algo va mal. Si la gente es consciente de eso, puede tomar medidas para recuperar la salud y vitalidad antes de que suceda algo desastroso. No es de sorprender que muchos sanadores espirituales trabajen sobre el doble etérico.

Un amigo mío que solía ser un fumador empedernido dejó el hábito cuando le informaron que su aura era gris. A las pocas semanas el aura recuperó su anterior brillo. Si hubiera seguido fumando, habría enfermado mucho, ya que su aura exhibía una clara señal de una mala salud potencial.

Hasta nuestros pensamientos pueden afectar al doble etérico. Si de manera constante tenemos pensamientos negativos u hostiles, en última instancia éstos serán visibles en el interior del doble etérico. Del mismo modo, los pensamientos y actos positivos tienen un efecto beneficioso sobre nuestra salud y bienestar, y ello también se refleja en un doble etérico hermoso.

El doble etérico está rodeado por el aura propiamente dicha. Algunas personas lo ven como un número de fundas separadas. De hecho, en Oriente para describirlo se usa el término *koshas*, vocablo que significa «funda»[8]. El aura se extiende más de medio metro, y a veces puede sentirla y

---

[8] *How to Read the Aura*, de W. E. Butler, Aquarian Press, Wellingborough, 1971. Edición revisada editada en 1979 por Aquarian Press y Samuel Weiser Inc., York Beach, página 16.

ver la gente que carece de conocimiento o interés en los temas psíquicos. Con entrenamiento, cualquiera puede aprender a sentir y ver el aura. Bajo la luz del sol, ésta da la impresión de expanderse tanto en tamaño como en vibración, y es por ello quizá por lo que en verano nos sentimos más vivos y con más energía que en invierno.

Cuando el aura se ve por primera vez, parece ser blanca y casi como una nube. Poco a poco, a medida que se desarrolla la visión áurica, se pueden percibir los colores. Cada aura posee un color básico que revela importante información sobre la persona. Ese color muestra la naturaleza emocional, mental y espiritual de cada uno.

Al mismo tiempo, el aura contiene rayos de colores diferentes que emanan del cuerpo e irradian hacia el exterior a través de ella. Algunos consideran que son ondas de pensamiento, y no cabe duda de que nuestros pensamientos y emociones influyen mucho en nuestras auras. Sin duda, de ahí proceden dichos como «rojo de ira» y verde de envidia». Estas ondas de pensamiento vienen y van, y no deben considerarse como partes permanentes del aura. Nadie permanece «rojo de ira» durante semanas o meses seguidos. Sin embargo, las emociones y los pensamientos negativos pueden provocar cambios permanentes en el aura. En esos casos, transforman sus colores naturalmente gloriosos y vibrantes en colores apagados, repulsivos e incluso de aspecto malévolo.

Unas pocas personas poseen una variedad de formas geométricas dentro de sus auras, y se cree que éstas tienen un significado simbólico. Por ejemplo, un círculo dentro del aura es símbolo de realización y satisfacción interior. Un triángulo es señal de que una persona protege a otras, o que alguien las protege. Una estrella indica una importante capacidad psíquica.

Además, a veces veréis flechas, espirales, conos, cruces, mediaslunas y diversidad de formas y diseños dentro de las auras de la gente. Las flechas con frecuencia aparecen cuando una persona se halla bajo estrés o tensión, en especial si ello ya dura bastante tiempo. Las cruces indican renuencia a tomar una decisión, y con asiduidad se encuentran en las auras de las personas indecisas y tímidas. Las espirales y mediaslunas por lo general indican un pensamiento serio, y a menudo se hallan en forma de pensamiento. Es interesante comprobar que rara vez aparecen en las auras de las personas que tienen una ocupación mentalmente estimulante. Las encontraréis en las de gente que, por un motivo u otro, en la actualidad emplea su cerebro más de lo acostumbrado. Lo he notado varias veces en las auras de la gente que empieza a adquirir conciencia espiritual pero que intenta racionalizarlo.

Algunas de estas formas también pueden ser formas de pensamiento. Cuando sea éste el caso, notaréis que duran varios segundos y luego desaparecen. Ello se debe a que la mayoría de nosotros no puede mantener un sólo pensamiento en ningún momento. Normalmente, se trata de símbolos procedentes de nuestra mente y pueden durar meses, años o incluso toda una vida. Por lo general se los ve en intelectuales y en personas espiritualmente evolucionadas.

Las auras reaccionan todo el tiempo entre sí. Cuando conocemos a alguien que nos cae bien, nuestras auras se abren y permiten que éstas se mezclen (figura 1.4). Cuando dos personas muy enamoradas están juntas, a menudo sus auras parecen fundirse para crear un aura única, grande y gloriosamente vibrante (figura 1.5). Cuando conocemos a alguien que no nos cae bien, las auras se

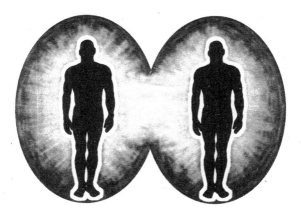

FIGURA 1.4. *Las auras se mezclan.*

FIGURA 1.5. *Las auras se combinan.*

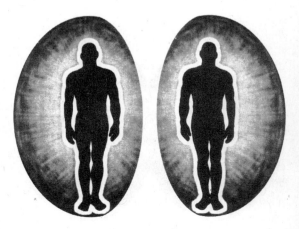

FIGURA 1.6. *Las auras se repelen.*

repelen (figura 1.6). ¿Habéis conocido alguna vez a alguien que os cayera mal al instante pero que no os diera un motivo para esa antipatía? Vuestra aura habría sido repelida por la de la otra persona, advirtiéndoos que os mantuvierais alejados de ella. Por consiguiente, alguien que siempre tiene pensamientos negativos repelerá poco a poco a todo el mundo que entre en su vida.

Unas pocas personas son «vampiros psíquicos» que vacían la energía de vuestra aura para potenciar la suya propia. ¿Os habéis sentido alguna vez completamente drenados de energía después de pasar un tiempo con alguien? Lo más probable es que dicha persona fuera una vampiro psíquico. Esa gente desgraciada por lo habitual tiene un aspecto rígido, carece de conciencia psíquica y de autoestima. Consciente o inconscientemente, extraen energía de otras personas, lo cual funciona muy bien para ellos pero deja a todos los demás sintiéndose agotados y frustrados. Si vivís con un vampiro psíquico, debéis aprender a proteger vuestra aura.

El pensamiento negativo también es malo. Conozco a alguien a quien le ha ido muy bien en su carrera profesional, alcanzando prominencia y una cierta dosis de fama. Pero siente que no ha recibido el respeto y la deferencia que merece. Poco a poco se ha ido amargando más por esta razón, y eso ha quedado perfectamente reflejado en la naturaleza sombría de su aura. No es de sorprender que la gente se aparte de su camino para evitarlo, lo cual lo vuelve aún más negativo. Se encuentra en una espiral que lo conduce a una vejez triste y solitaria. Sin embargo, posee el poder para cambiarlo. Si se desprendiera de los agravios reales e imaginarios de su pasado y viviera feliz el día a día, su aura cambiaría para reflejar su nueva realidad, y entonces volvería a atraer a la gente.

El aura no se halla presente al nacer, pero su inicio se puede ver con el primer aliento que inhalamos[9]. Esto parece indicar que el aura consiste en energía que entra en nuestro sistema por la respiración y luego vuelve a ser irradiada en forma de aura. Aporta más pruebas al respecto la mejora perceptible en el tamaño y color de las auras de la gente que hace ejercicio y respira de forma correcta.

El aura de un bebé es prácticamente incolora, pero cuando cumple los tres meses aparece plateada. Poco a poco cambia a azul, lo que denota el desarrollo de la inteligencia. Se nota de forma especial entre uno y dos años. A medida que el niño crece, lo mismo sucede con su aura. Gradualmente se desarrolla en tamaño y brillo, revelando el potencial del niño y los colores definitivos que tendrá. El azul se mantiene como un color de fon-

---

[9] *The Mystery of the Human Aura*, de Ursula Roberts, The Spiritualist Association of Great Britain, Londres, 1950. Edición revisada editada en 1984 por Samuel Weiser, Inc., York Beach, página 7.

do durante toda la vida del niño. Por lo general, se nota sólo cuando la persona se halla enferma, ya que entonces adquiere una tonalidad grisácea que resulta muy evidente.

A medida que el niño crece, alrededor de su cabeza aparece una neblina amarilla, lo que denota el comienzo del pensamiento. Durante los primeros cinco o seis años de vida el niño absorbe información como una esponja. A medida que continúa su aprendizaje, el amarillo se torna más brillante e intenso.

Cuando el niño inicia su educación formal, su aura reflejará los verdaderos colores que llevará a lo largo de su vida.

El aura debería brillar con colores intensos y de aspecto casi luminoso. Sin embargo, nuestro carácter altera el aura de formas muy sutiles. Por ejemplo, una persona generosa tendrá un aura grande con colores pastel. Por otro lado, un avaro exhibirá un aura pequeña y oscura, como si los colores se hubieran empañado.

La gente corriente posee auras corrientes, y la intensidad y tamaño dependen por completo de su estado de ánimo en cada ocasión. Si se sienten generosos, sus auras se verán con una belleza sorprendente. No obstante, cuando piensen en algo que pudiera ser solapado o deshonesto, sus auras se contraerán y se tornarán sombrías.

Las auras aparecen en su mayor esplendor cuando las personas están enamoradas. Entonces se expanden y los colores danzan de forma vibrante. Cuando los dos enamorados se encuentran juntos, sus auras se funden, creando un aura única que asciende al cielo.

La gente sinceramente buena y amable también posee auras grandes y hermosas. Las familias de muchas de estas personas no siempre las aprecian en toda su valía, pero ellas pasan la vida ayudando calladamente a otros y haciendo actos buenos que tal vez los demás no noten o valoren.

Como se ve, la capacidad de percibir las auras puede resultar extremadamente útil y práctica. Os puede informar que os halláis en presencia de alguien generoso, atento y amable, y también os puede advertir sobre alguien que sea deshonesto, codicioso o que quiera aprovecharse de vosotros de alguna otra manera. El resto del libro os indicará cómo sentir, ver e interpretar las auras.

2

Sentir el aura

MUCHA GENTE descubre que puede ver las auras de forma espontánea, pero la mayoría tiene que aprender a desarrollar su visión áurica. En mis clases psíquicas descubrí que era mejor para mis estudiantes que aprendieran a sentir las auras antes que intentar verlas.

Necesitaréis a alguien con quien experimentar. Lo ideal es que sea una persona que también desee desarrollar su capacidad psíquica. Es una pérdida de tiempo llevar a cabo estos experimentos con gente que no cree en las auras, ya que no tardará en aburrirse y su negatividad os afectará de forma adversa. Elegid a alguien que tenga una mente abierta y un enfoque positivo. He descubierto que los amigos por lo general son mejores que los miembros de la familia, ya que éstos a veces pueden querer ayudar por un sentido del deber en vez de hacerlo porque realmente lo deseen. Algunas personas dicen que es más fácil ver las auras de las mujeres que las de los hombres[1]. Yo no lo he comprobado, y creo que lo más importante es elegir a alguien que os caiga bien y que sea una persona sensible y, al mismo tiempo, lógica.

■ Buscando el aura

Es de utilidad tener alguna idea del tamaño del aura antes de empezar a sentirla. Más adelante sentiremos el aura con las manos, pero una buena primera prueba es emplear dos varas en ángulo para buscarla. Este sistema por lo general se usa para localizar algo que está oculto bajo la superficie de la tierra[2]. Un buen ejemplo de ello es la localización de agua. No obstante, se puede emplear para otros muchos fines. Algunos piensan que se trata de una práctica extraña, misteriosa e incluso supersticiosa. De hecho, es un modo extremadamente práctico de ponerse en contacto con la mente subconsciente.

Lo primero que necesitaréis será un par de varas en ángulo (figura 2.1). Son dos piezas de metal en forma de L. El lado más largo debería tener

---

[1] *The Healing Power of Colour*, de Betty Wood, The Aquarian Press, Wellingborough, 1984, página 71.
[2] *Dowsing for Beginners*, de Richard Webster, Llewellyn Publications, St. Paul, 1996.

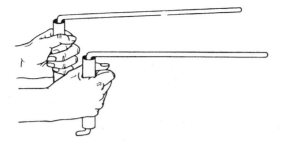

FIGURA 2.1. *Varas en ángulo.*

de 25 a 30 centímetros, y el más corto 15 centímetros. Yo fabriqué mi primer juego con alambre de perchas. Estas varas se sostienen libremente en los puños con las dos secciones más largas apuntando hacia delante. Quizá os resulte útil colocar las partes más cortas dentro de pajitas para permitir que las varas se muevan sin traba en vuestras manos. A mí me funciona igual de bien sin las pajitas, pero mucha gente tiende a aferrarlas con demasiada firmeza. Y, por supuesto, cuando sucede eso las varas no pueden moverse con libertad.

Antes de empezar a buscar el aura de vuestro amigo, sacad las varas en ángulo al exterior y buscad las tomas principales de agua que entran en vuestra casa. Relajad la mente tanto como os sea posible. Pensad que buscáis agua y luego, despacio, id de un lado a otro de la propiedad. En algún momento las varas empezarán a entrecruzarse y es probable que terminen en paralelo por delante de

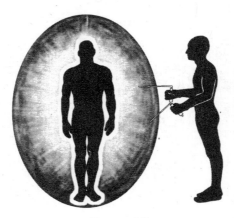

Figura 2.2.
La respuesta de este sistema de búsqueda.

vosotros (figura 2.2)[3]. Esto se conoce como respuesta. Al principio puede parecer sobrenatural. La clave para el éxito es eliminar la incredulidad y relajarse.

Unos pocos experimentan la respuesta de un modo distinto. Las varas, en vez de cruzarse una encima de la otra, se mueven hacia fuera, alejándose mutuamente. Ello no marca ninguna diferencia y sigue siendo una respuesta.

Una vez que hayáis experimentado la sensación, seréis capaces de repetirlo siempre que lo

---

[3] *Dowsing for Beginners*, de Richard Webster, páginas 13-20.

deseéis. Ya es hora de buscar el aura de vuestro amigo. Pedidle que se ponga de pie con los brazos y las piernas un poco separados. Situaos más o menos a un metro con las varas de búsqueda apuntando hacia delante. Pensad en términos generales en el aura de vuestro amigo. Avanzad lentamente hasta que las varas empiecen a moverse. Deteneos, y avanzad aún más despacio hasta que las varas se crucen. Ello indica el borde exterior del aura de vuestro amigo (figura 2.3).

Tomad nota mental de esa posición, y luego repetid el ejercicio desde el otro lado. Descubriréis que el aura de vuestro amigo se extiende a igual distancia desde cada lado. Moveos muy despacio alrededor de vuestro amigo y observad los extremos de las varas. Veréis que el aura es un círculo perfecto.

Es probable que os sorprenda lo grande que es el aura de vuestro amigo. Ello se debe a que estáis buscando el borde exterior. Cuando sintáis el aura,

FIGURA 2.3.
Buscando el borde exterior del aura.

puede que descubráis que en realidad estáis sintiendo una de las capas interiores y no la más exterior.

Ya es hora de sentir el aura de vuestro amigo.

Elegid un momento en que nadie os interrumpirá. Quizá sea recomendable descolgar el teléfono. El cuarto debería estar templado y tal vez os apetezca poner un poco de música tranquila, de meditación. Empezad sentándoos en una silla cómoda con los ojos cerrados.

Imaginad la escena más apacible que podáis recordar. Tal vez sea un río lento o una puesta de sol hermosa. Da igual lo que sea, siempre que os resulte apacible y relajadora.

Sed conscientes de vuestra respiración; respirad hondo tres veces, exhalando despacio. Luego relajad conscientemente los músculos de los pies. Cuando sintáis que están del todo relajados, pensad en los músculos de las pantorrillas y de los muslos. Relajad gradualmente todos los músculos del cuerpo, hasta que os sintáis sueltos, laxos y totalmente relajados.

Para ello no existe límite de tiempo. Las primeras ocasiones quizá os resulte difícil relajaros por completo, pero pasado un momento seréis capaces de realizarlo en un minuto. De hecho, la gente que ha aprendido la autohipnosis puede hacerlo en cuestión de segundos.

El objetivo de este ejercicio es abrir el hemisferio derecho del cerebro. Se trata del lado no verbal, intuitivo y que siente, que se emplea siempre que se hace algo creativo. Mucha gente ve auras de forma espontánea cuando pinta, cuida el jardín, toca música o realiza cualquier otra actividad que ocupa el lado derecho de su cerebro.

Cuando estéis completamente relajados, sólo tenéis que centraros en la respiración. Imaginad el oxígeno que entra en vuestros pulmones y es transportado a cada parte de vuestro cuerpo. Imaginaos como un ser humano perfecto. No importa que tengáis exceso de peso o mala salud. Sencillamente imaginaos como un espécimen físico perfecto. Veos perfectos de todas las maneras posibles, un hijo del universo. Sentíos orgullosos de vosotros. Pensad en algunos de vuestros logros, en vuestra inteligencia y creatividad. Luego pensad en el modo en que cambiará vuestra vida una vez que seáis capaces de ver y leer auras.

Acto seguido, estiraos y abrid los ojos despacio. El objetivo de este ejercicio de relajación es que os permita eliminar todos los problemas y preocupaciones de la vida cotidiana. Asimismo, es muy beneficioso físicamente, ya que cada músculo y órgano de vuestro cuerpo se relaja por completo mientras ejecuta este ejercicio. Deberíamos experimentarlo todas las noches durante el sueño, pero a menudo no es así. ¿Os habéis despertado alguna vez por la mañana sintiéndoos cansados y carentes de energía? Aunque estabais dormidos, diversas partes de vuestro cuerpo seguían tensas. Después de realizar el ejercicio de relajación os sentiréis vivos y llenos de energía. Ello se reflejará en vuestra aura.

Ya estáis listos para empezar a sentir las auras. Frotaos con firmeza las palmas de las manos durante unos segundos y luego mantenedlas separadas a unos treinta centímetros de distancia. Tal vez sintáis alguna energía entre ellas, en especial en el centro de la palma y en las puntas de los dedos (figura 2.4).

Juntadlas lentamente. Poco a poco, a medida que se acercan las auras de cada mano, notaréis una resistencia muy leve. Tal vez os resulte de utilidad imaginaros que estáis machacando una pelota de goma entre las manos. La gente experimenta esta sensación de formas diferentes. Puede parecer que hay una ligera resistencia, o una impre-

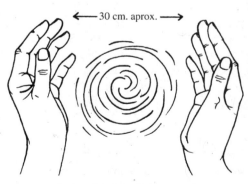

FIGURA 2.4.
Energía entre las palmas de las manos.

sión de hormigueo, o incluso una sensación de calor o frescor.

No dejéis de acercar las manos. De pronto notaréis que la resistencia desaparece cuando el aura de cada mano se funde con la otra.

En este punto experimentad, acercando y alejando las manos unos centímetros. Sentiréis la resistencia cuando se acerquen y el frescor cuando se separen. ¡Lo que sentís es vuestra propia aura! Cuando podáis llevar a cabo este experimento con facilidad, estaréis preparados para ir más lejos.

Todos tenemos siete puntos de energía en el cuerpo conocidos como chakras (véase capítulo 5, figura 5.1). Se trata de centros nerviosos que absorben y distribuyen las energías física, mental, emocional y espiritual. Los chakras son centros de energía y, en consecuencia, nuestra energía electromagnética personal es mucho mayor en dichos puntos. Como resultado de ello, es fácil sentirlos con las manos.

Están situados junto a la columna vertebral en el cuerpo etérico. Los siete chakras son:

1. *Chakra raíz*, situado en la base de la columna vertebral.
2. *Chakra sacro*, entre el pubis y el ombligo.
3. *Chakra solar*, a la altura del plexo solar.
4. *Chakra del corazón*, entre los omóplatos en línea con el corazón.

5. *Chakra de la garganta*, a la altura de la garganta.
6. *Chakra de la frente*, a la altura de la frente, justo por encima de las cejas.
7. *Chakra corona*, en la parte superior de la cabeza.

Es una prueba interesante localizar todos los chakras usando las manos para sentirlos. Cuando los hayáis encontrado, os sorprenderá no haber sentido nunca antes la energía que emana de ellos.

Para nuestro siguiente experimento emplead una mano para detectar y sentir el chakra del corazón. Una vez más, colocad la mano a unos treinta centímetros del cuerpo y acercadla lentamente hacia el pecho. Cuando notéis una resistencia leve, apartad la mano hasta que la resistencia desaparezca y luego volved a acercarla despacio, hasta que sintáis la barrera definitiva creada por vuestra aura.

Repetidlo, pero llevad la mano hasta situarla a sólo unos centímetros del chakra del corazón. Fijaos que la mano se acercará más al cuerpo antes de que sintáis alguna resistencia. Ello se debe a que los chakras crean mucha más energía que cualquier otra zona, y resultan más fáciles de localizar.

Una vez que hayáis sentido con éxito el aura alrededor del chakra del corazón, intentad localizar y sentir el aura que hay alrededor de las demás posiciones de los chakras. Con práctica, descubriréis que el aura da sensación casi de solidez, y os sorprenderá no haberlo experimentado nunca antes. Es una buena señal, ya que indica que estáis desarrollando percepción del aura.

Con suerte, vuestro compañero se hallará en una fase similar y podrá sentir con éxito su propia aura.

Ahora daremos un gran paso hacia delante y sentiremos el aura de otra persona. Haced que vuestro amigo se siente cómodamente en una silla. Poneos detrás de él y colocad las manos a unos treinta centímetros a cada lado de su cabeza. Acercadlas lentamente hasta que notéis una resistencia (figura 2.5). Experimentad acercando y alejando las manos. A menudo vuestro amigo notará la sensación en su aura en el momento preciso en que vosotros establezcáis contacto con ella.

Cuando la hayáis sentido, moved las manos en direcciones distintas para comprobar si podéis seguir el aura alrededor del cuerpo de vuestro amigo.

Después de haber experimentado esto varias veces, pedidle a vuestro amigo que se eche cómodamente sobre una cama con los ojos cerrados.

FIGURA 2.5
Sentir el aura.

FIGURA 2.6. *Sintiendo los chakras.*

Vuestra misión es localizar cada uno de los chakras, y vuestro amigo os dirá cuándo sienta la mano sobre una de sus posiciones. Cuanta menos ropa lleve la otra persona, más fácil resulta el experimento (figura 2.6).

Si habéis practicado los experimentos previos, os resultará fácil localizar los chakras de vuestro amigo. Al mismo tiempo, éste, con los ojos cerrados, desarrollará una mayor percepción del aura al identificar qué chakra estáis sintiendo vosotros.

Por supuesto, después de experimentar un rato, cambiad de papel, para que podáis tumbaros con los ojos cerrados mientras vuestro amigo localiza vuestros chakras.

Queda un último experimento en el tanteo de las auras antes de pasar a la fase de verlas.

Como sabéis, todos tenemos nuestro propio espacio corporal, y nos desagrada que la gente penetre en él. Hablando en general, cuanta más intimidad tengamos con alguien, más le permitimos entrar en nuestro espacio personal. Cuando alguien a quien apenas conocemos o que no nos cae bien penetra en él, tendemos a apartarnos. Por esta razón, que la gente de países distintos a menudo tiene problemas cuando viaja. Por ejemplo, una persona del Lejano Oriente tiene un espacio personal más pequeño que el estadounidense medio. En consecuencia, el visitante del Lejano Oriente hará que el norteamericano retroceda si de forma constante e involuntaria invade el espacio personal del estadounidense. A ese espacio personal el doctor Charles Tart lo llama nuestra «aura psicológica»[4].

Lo mismo sucede con nuestras auras. Cuando nos vemos obligados a establecer un contacto íntimo con alguien que no conocemos, lo más probable es que nuestras auras repelan la de la otra persona. Un buen ejemplo sería el de una multitud en el metro, donde la gente se ve forzada a permanecer de pie cerca de personas que desconoce. En esa situación, el aura de todo el mundo tiende a contraerse y repeler la de los demás. La próxima vez que estéis obligados a permanecer en un me-

---

[4] *The Human Aura*, editado por Nicholas Regush. Artículo del doctor Charles T. Tart, «The Scientific Study of the Human Aura», páginas 145-150.

tro o un ascensor atestados, comprobad si podéis sentir las auras de la gente que os rodea. Es posible llevarlo a cabo sencillamente manteniéndoos conscientes de ello. No hace falta usar las manos. De hecho, ¡puede que no fuera lo más deseable en ese tipo de situación!

Si nos gusta alguien, nuestras auras tienden a abrirse y a permitir que el aura de esa persona se entremezcle con la nuestra.

Este experimento final nos permite comprobarlo. Pedidle a vuestro amigo que se sitúe en un extremo de la habitación. Vosotros colocaos en el otro, de cara a la pared, con las manos y las piernas separadas. Vuestro amigo debe acercarse lo más silenciosamente que le sea posible, y vuestra tarea es la de determinar cuándo ha entrado en vuestra aura.

Los primeros intentos resultarán los más difíciles. Ello es debido a que todo vuestro cuerpo será extremadamente consciente de la aproximación de vuestro amigo, y puede que de forma subconsciente imaginéis que está más cerca de lo que es el caso. No os preocupéis por los fracasos. Manteneos relajados y pensad en cosas agradables. Haced caso omiso de los ruidos que podáis oír dentro o fuera de la habitación. Yo siempre me concentro en la respiración e intento impedir que en mi cabeza entre cualquier otro pensamiento. De ese modo, cuando mi amigo se acerca lo suficiente para contactar con mi aura, lo percibo al instante.

Esta prueba no es tan fácil como parece. Al llevarla a cabo con un amigo, vuestras auras tenderán a entremezclarse y no sentiréis que está rompiendo la barrera como sucedería con un extraño. Con frecuencia lo he notado en mis clases de desarrollo psíquico. La gente que no se conocía siempre tenía más éxito que las personas que eran amigas. Sin embargo, en cuanto separaba a los amigos y hacía que repitieran el experimento con personas que no conocían, tenían tanto éxito como los demás.

No completaréis estas pruebas en una velada, ni siquiera en una semana. Lo mejor es tener varias sesiones cortas en vez de una sola prolongada. También avanzaréis con más rapidez si emprendéis estos experimentos con una actitud jubilosa. Si lo intentáis con firme determinación, lo más probable es que no tengáis éxito y que lo abandonéis disgustados.

Cuando podáis realizar estos experimentos con acierto, estaréis listos para seguir adelante y aprender a ver las auras.

3

Cómo ver las auras

AL EXPERIMENTAR con las diferentes pruebas del capítulo 2, habréis desarrollado conciencia de aura, lo cual os facilitará mucho aprender a verlas. De hecho, es posible que hayáis empezado a verlas mientras las sentíais. Aunque éste fuera el caso, todavía os resultará beneficioso trabajar en los experimentos de este capítulo.

Descubrí que varios de los estudiantes de mis clases eran mentalmente capaces de sintonizar y determinar el color del aura sintiéndolo. Es algo fascinante, similar a muchos clarividentes que intuitivamente son capaces de percibir colores sin llegar a verlos. Sin embargo, aun cuando veáis que de forma intuitiva percibís los colores, practicad con los ejercicios de este capítulo, ya que resulta mucho más conveniente poder ver las auras en todo su esplendor. Muchos expertos dicen que los colores del aura se ven a través del tercer ojo y no de los ojos. Ello es imposible de responder, y a veces yo creo que percibo los colores de forma intuitiva en vez de a través de mis ojos. No obstante, sigo viéndolos y no sintiéndolos.

Empezad sentándoos en algún lugar cómodo y realizando el ejercicio de relajación. Cuando sintáis que estáis lo bastante relajados, tanto el cuerpo como la mente, abrid los ojos y probad este primer experimento.

Cercioraos de que la luz en el cuarto es suave antes que débil. Sentaos de tal modo que cualquier luz brillante quede a vuestras espaldas. No necesitáis que ninguna luz brille sobre vuestros ojos o se refleje en ellos.

Juntad las puntas de los dedos índice y miradlos durante unos diez segundos. Luegos separadlos despacio. Notaréis una hebra de energía fina y casi invisible que se extiende y mantiene unidas las puntas de los dedos, aun cuando las estáis separando lentamente (figura 3.1). La primera vez que lo hagáis, puede que veáis que ese vínculo desaparece una vez que los dedos se hayan separado un centímetro. Sin embargo, con la práctica, comprobaréis que el vínculo permanece visible incluso con los dedos separados por diez o doce centímetros.

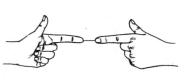

FIGURA 3.1.

Si tenéis alguna dificultad para ver esa línea de energía, experimentad con las luces más bajas y con los dedos sobre una superficie de un color claro. Una hoja de papel blanco funciona bien para casi toda la gente, aunque algunos prefieren un fondo más oscuro, ya que ven esa energía de una tonalidad casi blanca.

En cuanto podáis verla, descubriréis que podréis ver esas hebras de energía en todo momento y bajo cualquier circunstancia.

Ahora podéis intentar de nuevo el experimento con los cuatro dedos de una mano tocando los dedos de la otra. Cuando separéis las manos, notaréis corrientes de energía uniendo todos los dedos.

Si vuestro compañero realiza este experimento al mismo tiempo, intentad ver las corrientes de energía que unen las puntas de sus dedos. Resulta estimulante ver el aura de otra persona por primera vez.

Ahora podéis probar algo muy interesante. Con las puntas de los dedos de una mano tocad las de la mano de vuestro amigo y luego, lentamente, separadlas. Veréis la corriente de energía pura que une vuestros dedos. ¿Qué creéis que pasaría si hicierais este experimento con alguien que no os cayera bien? De hecho, intentadlo con todas las personas que os sea posible.

Un modo estupendo de hacerlo es probar el siguiente experimento en una reunión social. Funciona mejor en una mesa circular de superficie oscura, pero cualquier mesa servirá. Sentad a todo el mundo alrededor de la mesa y pedidle que apoye ambas manos sobre ella con las puntas de los dedos apuntando hacia el centro. Bajad las luces. Solicitadles a todos que se relajen e intenten ver una fina red de líneas que atraviesan la mesa uniendo los dedos.

Quizá la gente tarde cinco minutos en ver algo, pero en cuanto una persona lo vea, de pronto todas las demás también lo verán. Produce un efecto sorprendentemente hermoso, creando una especie de juego de cuna que entrelaza hebras de energía que atraviesan la mesa (figura 3.2). Una vez concluido el experimento, todos querrán hacer preguntas y estarán interesados en llevar a cabo el ejercicio de las puntas de los dedos con vosotros.

Descubriréis que las corrientes de energía se extienden mucho más con algunas personas que

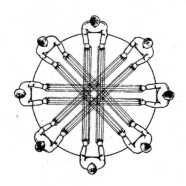

FIGURA 3.2.
Corrientes de energía entrecruzándose sobre la mesa.

con otras. Ello se debe a que vuestra aura sale para abarcar las auras de las personas que os caen bien, aunque pueden hacer exactamente lo opuesto con gente de cuya compañía no disfrutáis.

Ahora estáis listos para ver más de vuestra propia aura. Necesitaréis una habitación con una pared clara, lo ideal sería blanca o crema. Atenuad las luces y apartaos más o menos un metro de la pared, de cara a ella. Extended el brazo derecho y alzad la mano de modo que los dedos apunten hacia el techo (figura 3.3). Mirad la pared a través de los dedos de esa mano. Centraos en la pared más que en la mano. Pasados unos momentos, notaréis que la mano tiene un aura nítida a su alrededor. Parecerá ser una niebla gris, casi incolora.

FIGURA 3.3.

En cuanto podáis verla, centraos en esa niebla más que en la pared. Al hacerlo, quizá veáis que desaparece. Si ello sucede, volved a centrar la vista en la pared hasta que reaparezca. Cuando podáis ver el aura con claridad al centraros en ella, observad las puntas de los dedos. Quizá veáis finas corrientes de energía que irradian de los dedos. Si fijáis la vista en el aura que rodea vuestra mano, notaréis que está en constante movimiento.

Algunas personas expresan decepción cuando ven su aura por primera vez, ya que parece casi incolora. No os preocupéis si os sucede a vosotros. Los colores empezarán a aparecer más adelante, cuando os acostumbréis a ver el aura.

Experimentad con la otra mano, y luego realizad de nuevo la prueba bajo otras condiciones de iluminación. Al principio, cuando se está aprendiendo, lo mejor es una luz tenue, pero con el tiempo deberíais ser capaces de ver las auras con cualquier tipo de luz.

Experimentad también observando otras partes del cuerpo. En cuanto podáis ver el aura alrededor de la mano, os resultará fácil ver la que rodea cualquier parte de vuestro cuerpo. La ropa restringe y frena la visión áurica, por lo que tal vez sea mejor experimentar desnudo o con poca ropa. Por desgracia, a la mayoría de la gente le resulta imposible ver auras a través del espejo. Por algún motivo, los espejos no reflejan bien las auras. Sin embargo, algunas personas son capaces de ver sus auras de este modo y quizá os resulte interesante experimentar con el espejo del baño[1].

---

[1] Un ejercicio para ayudaros a ver vuestra propia aura se describe en *Handbook of Psi Discoveries*, de Sheila Ostrander y Lynn Schroeder, publicado originalmente en 1974. La edición de mi libro la publicó Sphere Books Limited, Londres, en 1977. Página 73.

Si usáis gafas, probar mirar el aura con y sin ellas. He descubierto que mucha gente que por lo general usa gafas es capaz de ver las auras con más facilidad sin llevarlas puestas.

Y ya es hora de experimentar de nuevo con vuestro compañero. Pedidle que se sitúe delante de la pared encalada. Apartaos más o menos un metro y mirad en la dirección de vuestro amigo, pero centraos en la pared que hay detrás de él (figura 3.4). El estado ideal es casi de ensoñación, en el que tenéis los ojos abiertos pero sin ver realmente nada. No obstante, en este caso os relajáis y concentráis al mismo tiempo. Quizá os ayude pensar en un momento en que os sentíais de verdad cansados y vuestros ojos querían cerrarse. Por supuesto, ahora no queréis que se os cierren, pero puede ser de utilidad pensar en uno de esos momentos, ya que vuestros ojos sentirán la pesadez necesaria y de forma automática crearán la mirada casi descentrada.

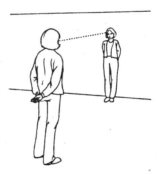

FIGURA 3.4.

Tal vez resulte extraño cuando suceda, pero de pronto notaréis un aura nebulosa que rodea por completo a vuestro amigo. Lo veréis con la visión periférica.

Quizá descubráis que el aura sólo rodea la cabeza y el cuello de vuestro amigo. Es debido a que la ropa la restringe y hace que sea mucho más difícil de ver. Además, la considerable energía mental que emana de la cabeza hace que el aura, en esa parte del cuerpo, sea más fácil de observar.

En cuanto la veáis, probad a centraros en el aura. Es muy factible que desaparezca las primeras veces que lo intentéis, pero persistid. En cuanto podáis centraros en ella sin dejar de percibirla, observadla con atención. Descubriréis que está en constante movimiento y cambio. Asimismo, es probable que, tras parpadear, descubráis que desaparece durante unos instantes.

Acercaos e intentad tocarla. Puede que necesitéis varios intentos hasta lograrlo y verla al mismo tiempo. La mayoría de la gente descubre que el aura desaparece en cuanto se adelanta para tocarla. Esto es una consecuencia de que la atención de sus ojos cambia en cuanto avanza. Cuando suceda eso, sencillamente retroceded a la posición que ocupabais y empezad de nuevo. El aura debería reaparecer en unos pocos segundos.

Cuando toquéis el aura, notaréis las mismas sensaciones que cuando realizabais los ejercicios de sentir del capítulo anterior, pero ahora también seréis capaces de verla. Fijaos cómo al principio se aparta de la presión de los dedos, pero luego permite que éstos entren en ella. Es similar a apretar la superficie de un globo, con la única diferencia que aquí podéis atravesar la superficie y penetrar en el aura.

Sentid el aura en distintas partes del cuerpo de vuestro amigo. Prestad especial atención a los chakras y fijaos cómo en esas posiciones el aura se mueve en rápidos círculos.

Ahora retroceded de nuevo a vuestra posición original y no dejéis de mirar el aura mientras le pedís a vuestro amigo que piense en algo que lo irrite. Observad cualquier cambio en el aura. Es posible que ésta se encoja un poco, y puede que observéis algunos cambios en su coloración. La ira se revela como una tonalidad rojiza sucia en el aura.

Decidle a vuestro amigo que respire hondo varias veces y luego que piense en algo sumamente feliz. Mirad cómo el aura se hincha y expande.

A continuación pedidle que piense en algo neutral, ni triste ni feliz, y veréis cómo el aura regresa a su tamaño normal.

Por último, solicitadle que piense en una experiencia que fuera triste, enojosa, feliz o neutral. Podréis decirle a vuestro compañero en qué emoción está pensando, simplemente mediante la observación del aura.

Repetid algunos de los ejercicios en el exterior. Cercioraos de que el sol se encuentra detrás de vosotros. Los mejores momentos para llevar a cabo estos experimentos son a primera hora de la mañana o a últimas de la tarde. Notaréis que el aura de vuestro amigo se expanderá al aire libre.

Hay unos cuantos métodos más que podéis utilizar para ver el aura. Otro similar es clavar la vista en la frente de vuestro amigo (en vez de en la pared, como hicimos antes). Concentraos en su frente, y luego, poco a poco, expandid vuestra visión periférica, primero a la izquierda, después a la derecha, luego arriba y abajo. Descubriréis que cuando vuestra visión periférica se extiende al máximo en cualquiera de las direcciones, vuestros ojos pierden un poco la concentración y aparece una leve bruma alrededor de la cabeza de vuestro amigo. Mantened la visión periférica extendida y, pasados unos minutos, veréis que esa bruma se transforma en un aura nítida. Una vez que esté clara, seréis capaces de centraros en ella. Cuando lo intentéis por primera vez, es factible que el aura desaparezca tan pronto como os concentréis en ella. Repetid el ejercicio (las veces que haga falta) hasta que podáis concentraros con claridad en el aura.

El siguiente y último método es una combinación de los dos anteriores. Una vez más, vuestro amigo debe estar de pie o sentado ante una pared encalada. Apartaos aproximadamente un metro y mirad su nariz. Comprobad hasta dónde podéis ver con la visión periférica arriba y a la izquierda de vuestro compañero. Marcad la pared en esa posición. Regresad a vuestro puesto previo y repetid el ejercicio, en esta ocasión situando un punto arriba y a la derecha de él. De nuevo haced una marca o poned algo en la pared. Repetidlo dos veces para localizar las posiciones debajo y a la izquierda y a la derecha de la nariz de vuestro amigo. Empezad mirando fijamente la marca que realizasteis arriba y a la izquierda. Pasados unos segundos, centraos con rapidez en la marca de la izquierda y abajo. Miradla varios segundos y luego cambiad a la marca que hay abajo y a la derecha. Por último, mirad la marca de arriba y de la derecha. Pasados otros cuantos segundos, dejad que vuestra visión periférica se expanda poco a poco hasta incluir las otras tres posiciones en las que os habéis concentrado. Mientras lo hacéis, aparecerá el aura de vuestro amigo. Al igual que sucediera con las otras versiones, puede que tengáis que repetirlo varias veces hasta que podáis centrar la mirada directamente sobre el aura.

Ya es hora de celebrar el éxito obtenido hasta ahora. Llevaos a vuestro amigo a un centro comercial o a algún otro sitio donde haya mucha gente. Caminad varios pasos por detrás de él y comprobad si sois capaces de ver su aura en ese entorno lleno de distracciones.

Que no os decepcione si no lo conseguís. Un centro comercial ajetreado es un entorno por completo distinto de un cuarto silencioso con la luz tenue en casa. Intercambiad posiciones y comprobad si él puede ver vuestra aura.

Asimismo, buscad las auras que rodean a la gente en el centro comercial. Para ello no hace falta mirar fijamente. Sólo centraos a más o menos un metro por detrás de ella y tratad de ver las auras con vuestra visión periférica. Resulta más fácil cuando la gente tiene un fondo claro detrás. Por lo general, veréis el aura con mayor nitidez alrededor de su cabeza. Sin embargo, si es verano y la gente lleva menos ropa, lograréis ver las auras alrededor de gran parte de su cuerpo. Puede resultar una sensación abrumadora ver de pronto auras en torno a todo el mundo. Pero esto a menudo requiere tiempo. Lo bueno es que podéis practicar en cualquier parte.

4

Los colores del aura

TODOS REACCIONAMOS emocionalmente al color. Incluso las personas que desconocen todo sobre los colores, saben de forma intuitiva que los cálidos crean sensaciones estimulantes y positivas, mientras que los fríos relajan y crean sensaciones de paz y tranquilidad.

Hasta los niños pequeños son capaces de aportar emociones y sensaciones ante diferentes colores. Por lo general, responden al rojo con ira, agresividad y estimulación, mientras que el verde se relaciona con la paz, el sosiego y la soledad[1]. Un estudio de 1978 informó sobre un experimento interesante en el que a los niños se les pedía que colorearan una forma mientras observaban imágenes alegres y tristes. En la contemplación de las

---

[1] Reenu Boyatzis: «Children's Emotional Associations with Colors». Artículo en *The Journal of Genetic Psychology*, vol. 155, marzo 1994, página 77.

escenas alegres eligieron el naranja, el amarillo, el verde y el azul, pero emplearon el marrón, el negro y el rojo en las escenas tristes[2]. Una vez que podáis ver los colores con claridad en las auras de la gente, seréis capaces de reconocer sus estados emocionales sólo mediante la observación de la calidad de los colores.

A propósito, los niños a menudo son bastante buenos para ver las auras. Elaine Murray, en su libro *A Layman's Guide to New Age and Spiritual Terms*, habla de su experiencia al trabajar con niños de once y doce años mientras enseñaba en Ontario. Aunque en ese entonces ella no era capaz de ver las auras por sí misma, descubrió que aproximadamente un setenta y cinco por ciento de sus estudiantes era capaz de ver auras, con sus colores[3].

En todo momento usamos colores para expresar nuestras emociones. «Me puse rojo», podríamos decir cuando estamos enojados. «Estoy verde de envidia.» «Hoy tiene un humor negro.» Estos dichos comunes debieron generarse después de que la gente viera que las emociones le eran reveladas de ese modo en las auras de las personas.

---

[2] R. S. Cimbalo; K. L., Beck y D. S. Sendziak: «Emotional Toned Pictures and Color Selection for Children and College Students». Artículo en *The Journal of Genetic Psychology*, vol. 133, 1978, páginas 303-304.

[3] Elaine Murray: *A Layman's Guide to New Age and Spiritual Terms*, página 28.

En 1932 Robert Gerard, un científico norteamericano, realizó una serie de experimentos con prisioneros. Descubrió que al ser sometidos a una luz roja eso los estimulaba y los volvía más agresivos. Sin embargo, una luz azul los calmaba. Más recientemente, Alexander Schauss descubrió que la agresividad en los encarcelados decrecía cuando eran expuestos a una luz rosa. Averiguó que las celdas pintadas de rosa parecían sosegar a sus ocupantes y hacía que les resultara imposible encolerizarse. De inmediato la Marina de los EE.UU. empezó a pintar sus salas de detención de rosa, y en la actualidad cientos de penitenciarías de todo el país colocan a los reclusos problemáticos en celdas rosa para calmarlos[4].

Jack Widgerey, un coordinador de colores, condujo otro experimento cuando se le pidió que decorara dos salas de interrogatorio de la policía. Una la pintó en verdes y cremas suaves y la otra de un rojo y verde brillantes. La policía usó la primera sala para entrevistar a las víctimas de agresiones y a sus familiares, y la segunda para interrogar a los sospechosos. Descubrieron que éstos hablaban más en la segunda sala, con lo que facilitaban la obtención de declaraciones.

Respondemos a los colores todo el tiempo, seamos o no conscientes de ello. Por ejemplo, las ca-

---

[4] *New Idea*, 2 de noviembre, 1985, página 69.

denas de establecimientos de comida rápida saben que el naranja estimula el apetito y el rojo hace que el tiempo parezca pasar más deprisa. En consecuencia, cuando se combinan los dos colores, los clientes compran más y lo comen a toda velocidad, dejando sitio para más clientes.

Una vez que hayáis aprendido a ver el entorno nebuloso que conforma el aura, es sólo cuestión de tiempo que empecéis a ver colores. Para algunos se puede contar en apenas minutos, pero la mayoría necesita días o semanas para que los colores comiencen a aparecer. Es importante no dejarse dominar por la impaciencia. En mis clases descubrí que las personas que no lograban ver los colores no tardaban en sentirse frustradas, y ello impedía su avance. Dejad que transcurra el tiempo que haga falta. Tened confianza en que los colores aparecerán cuando sea el momento adecuado.

Por lo general, empiezan como una leve coloración. Casi todos perciben que el aura se vuelve gris, y luego azul a medida que desarrollan su conciencia de color. Este azul es, probablemente, el aura de salud que comenzó a formarse cuando nacimos.

Poco a poco, irán revelándose otros colores. Al principio aparecen desvaídos, como si hubieran estado ahí pero ya casi se hubieran desvanecido. Algunas personas pasan un periodo de tiempo preguntándose si de verdad están viéndolos, o si su imaginación les juega algún truco.

Con el tiempo, un color tenderá a dominar el aura, y lentamente crecerá, tanto en tamaño como en intensidad. Se lo conoce como el color básico. Resulta de extremada importancia, ya que revela lo que esa persona debería estar haciendo con su vida. No revela necesariamente si dicha persona va por el camino correcto, aunque, por supuesto, alguien que se sienta realizado por completo tendrá un aura gloriosa y vibrante en contraste con alguien que no tiene ni idea de adónde va.

Con la práctica, la calidad de ese color os dirá muchas cosas de la persona a la que contempláis. Lo ideal es que el color básico sea grande en tamaño, rico en intensidad y de aspecto casi luminoso. Alguien desvergonzado experimentará una reducción en su aura y los colores tenderán a ser oscuros.

Hace unos años di una serie de conferencias para los reclusos de una prisión. Fue fascinante ver que muchos de ellos tenían auras oscuras, pero unos pocos mostraban unas auras sorprendentemente hermosas. Esa gente se sentaba formando un grupo, y más adelante descubrí que eran los que se afanaban por rehabilitarse. Los guardias quedaron asombrados de que yo fuera capaz de distinguir a ese grupo de los demás, y dieron por hecho de que lo logré gracias a las preguntas que me habían estado formulando.

Desde luego, la mayoría de la gente tiene auras que no son ni ricas ni lóbregas. Se trata de las personas que pasan por la vida de la mejor forma que pueden, sin esforzarse demasiado. Cuanto más observéis sus auras, más comprenderéis el potencial que todos nosotros desperdiciamos. Por fortuna, algunos se dan cuenta de que en algún momento de su vida son capaces de hacer mucho más que lo que han estado haciendo, y se motivan y transforman sus vidas. Cuando eso sucede, se refleja de forma poderosa en el aura.

Cada color tiene un significado que se puede interpretar.

■ Significado de los colores básicos

Los colores básicos son los del arco iris, y no tardaréis en descubrir que todos poseemos estos colores en nuestras auras. Sin embargo, el aura también puede contener colores que no estén presentes en el arco iris.

Rojo

Potencial: *Liderazgo*.

Es un color poderoso. Le da a la persona un ego fuerte y deseo de alcanzar el éxito. A menudo este color está muy apagado en la infancia, en particular si la persona se ve obligada a encajar en los deseos de la familia. Por ende, a veces el aura puede aparecer suprimida y apagada. Cuando la persona llega a la edad adulta y puede valerse por sí misma, el aura se expande, mostrando que esa persona ya es capaz de hacer lo que debería estar haciendo.

La gente con el rojo como color básico con frecuencia alcanza puestos de responsabilidad y liderazgo, ya que posee el impulso, la energía y el carisma necesarios para inspirar a otros. También son afectuosos y cálidos. El rojo puede denotar valor físico.

Los rasgos negativos del rojo son el nerviosismo y el egoísmo.

Naranja

Potencial: *Armonía y cooperación.*

El naranja es un color cálido y solidario, y descubriréis que es un color básico en las personas que por naturaleza son intuitivas, cuidadosas y de fácil trato. Son capaces de hacer que la gente se sienta cómoda, y a menudo se hallan en posiciones donde tienen que aquietar «aguas turbulentas». Son gente considerada, pragmática y capaz que mantiene los pies firmemente en el suelo.

Los rasgos negativos del naranja son la pereza y una actitud de indiferencia.

Amarillo

Potencial: *Creatividad, brillantez mental.*

Estas personas son entusiastas, excitables y maleables. Son pensadores rápidos y disfrutan entreteniendo a otros y siendo entrenidos por otros. Son gregarios, sociables y gozan con las conversaciones prolongadas sobre casi cualquier tema. Son de aprendizaje veloz, pero a menudo sólo pasan por la superficie de muchas cuestiones en vez de ahondar en ellas.

Los rasgos negativos del amarillo son la timidez y una cierta tendencia a mentir.

Verde

Potencial: *Sanación*.

El verde es un color apacible, y aquellos que lo tienen como su color básico aman la paz y son sanadores innatos. Son cooperadores, de confianza y generosos. Pueden mostrar un aspecto plácido y relajado, pero también pueden ser muy obstinados cuando creen que es necesario. El único modo de conseguir que cambien de parecer es hacerles creer que la idea es suya.

La rigidez y la fijación son los rasgos negativos del verde.

Azul

Potencial: *Variedad*.

El azul es un color maravilloso para tener como color básico, ya que esta gente es de naturaleza positiva y entusiasta. Por ello, sus auras generalmente son grandes y vibrantes. Tienen tantos altibajos como todo el mundo, pero, de algún modo, logran salir del hoyo con aparente facilidad. Estas personas siempre mantienen un corazón joven. Son sinceras, honradas y casi siempre dicen lo que piensan.

El rasgo negativo del azul es su dificultad para terminar lo que empiezan. Por lo general, son mejores para iniciar algo, a menudo con gran entusiasmo, que para acabarlo.

Índigo

Potencial: *Responsabilidad hacia otros.*

A menudo resulta difícil determinar este color como el básico, ya que en ocasiones puede parecer casi púrpura. Como es cálido y sanador, la gente con este color básico suele terminar en alguna ocupación humanitaria. Disfrutan ayudando y apoyando a los demás, y encuentran su mayor felicidad cuando están rodeados de las personas que quieren.

El rasgo negativo del índigo es su incapacidad para decir «no». Otros se pueden aprovechar de esta gente con suma facilidad.

Violeta

Potencial: *Progreso espiritual e intelectual.*

No es coincidencia que los obispos luzcan la púrpura. La gente con el violeta como su color básico se desarrolla espiritualmente durante toda su vida. El grado de desarrollo hasta la actualidad se puede determinar por la calidad de este color en sus auras. Muchas personas con este color básico intentan negar este aspecto de su naturaleza. Ello no les reporta felicidad, y serán conscientes de que no están haciendo lo que deberían con sus vidas. En cuanto empiecen a aprender y crecer en conocimiento y sabiduría, sus auras también comenzarán a crecer y a volverse más vibrantes.

El rasgo negativo del violeta es un aire de superioridad que puede resultar desconcertante para otros.

Plateado

Potencial: *Idealismo.*

Es inusual encontrar el plateado como el color básico, aunque con frecuencia se ve como uno de los otros colores del aura. La gente que lo tiene está llena de grandes ideas, pero lo triste es que la mayoría son imposibles de ejecutar. Estas personas a menudo carecen de motivación y se vuelven soñadoras, nada activas. En cuanto se motivan y encuentran una idea que vale la pena llevar a cabo, su progreso puede ser hermoso de contemplar.

Dorado

Potencial: *Ilimitado.*

Éste es el color más poderoso de todos los básicos. Le da a las personas la capacidad de manejar proyectos a gran escala y alcanzar prácticamente cualquier cosa que se propongan. Son carismáticas, trabajadoras, pacientes y dedicadas a sus objetivos. Por lo general, logran grandes éxitos en la madurez. No es de sorprender que los cuadros con halos alrededor de los santos y otras personas espirituales generalmente son dorados, lo cual denota su potencial ilimitado.

Rosa

Potencial: *Éxito financiero y material.*

Este color de aspecto delicado frecuentemente aparece como el básico de gente decidida y pertinaz. Establecen sus miras altas y luego van en pos de sus objetivos con decisión firme. No es de sorprender que a menudo se encuentren en posiciones de poder y responsabilidad. No obstante, en lo más hondo de su ser, son personas modestas y sencillas que disfrutan con una vida tranquila. También son cariñosas, gentiles y amables, y usualmente muy felices cuando están rodeadas de sus seres queridos.

Bronce

Potencial: *Humanitarismo.*

Este color normalmente aparece como una tonalidad otoñal, y su aspecto casi rojizo puede resultar asombrosamente atractivo. La gente que lo tiene como el color básico es cariñosa, atenta, filantrópica y humanitaria. Tiene el corazón tierno y es generosa. Por ende, a menudo necesita aprender a decir que «no», ya que con frecuencia otros imponen su punto de vista.

Blanco

Potencial: *Iluminación e inspiración.*

El blanco es el color de la pureza y rara vez se lo ve como el color básico. Como todos los demás colores proceden del blanco, básicamente representa otro nombre para la luz. La gente que lo tiene es retraída, modesta y humanitaria. Con frecuencia da la impresión de carecer de ego y parece mucho más preocupada por el bienestar de los otros que por el suyo propio. Estas personas suelen ser muy intuitivas y sabias por encima de su edad.

Una vez que os hayáis acostumbrado a ver los colores básicos, poco a poco tomaréis conciencia de otros colores que parecen emanar de aquellos. Estos colores indican qué es lo que le gusta hacer a esa persona específica. Por lo general, predominarán uno o dos, aunque algunas personas disfrutan de todo un arco iris de colores que irradian de su color básico.

La gente más feliz es aquella cuyos colores se mezclan. Algunas combinaciones pueden sonar improbables, pero en la práctica funcionan muy bien. Por ejemplo, alguien que tiene un color básico rojo (independencia y liderazgo) puede mostrar destellos de naranja (tacto, diplomacia, amabilidad) emanando de su aura. Seguirá disfrutando de las cualidades de liderazgo, pero éstas se expresarán de un modo más gentil. No obtendrá resultados dándole órdenes a la gente, pero tendrá mucho éxito para conseguir que la gente coopere con él.

Una vez más, alguien con el rojo como color básico, atravesado por rayos blancos, será un líder en alguna empresa humanitaria. No obstante, esta persona experimentaría dificultades si intentara utilizar sus talentos de liderazgo en el campo profesional. Para estar feliz y realizada necesitará equilibrar las dos energías, aun cuando éstas puedan dar la impresión de oponerse entre sí. Es posible que dicha persona comience en la vida usando el rojo e ignorando el blanco. En algún momento, se dará cuenta de que lucha contra sí misma y, con suerte, reevaluará su vida y avanzará hacia su verdadero camino.

Ahí es donde la capacidad de ver y leer auras puede ser de gran utilidad. Alguien que pueda ver el rojo y el blanco en el aura de esa persona podrá aconsejarle qué camino tomar. Es factible que en lo más hondo sea consciente de lo que debería estar haciendo, aunque lo más probable es que se oponga a ello con cada paso que dé. Sin embargo, su progreso, su realización y su felicidad personal aumentarán de modo significativo en cuanto se ponga a trabajar en armonía con los colores de su aura.

■ Colores secundarios

Rojo

A la gente de cuyas auras irradia el rojo le gusta estar al mando. Le encanta la responsabilidad y disfruta tomando decisiones. Busca el poder y las recompensas financieras que vienen con éste.

Naranja

Las personas que tienen auras de las cuales emana el naranja disfrutan pasando el tiempo con amigos íntimos y la familia. Son de naturaleza intuitiva, atenta y cariñosa.

Amarillo

Los seres de cuyas auras irradia el amarillo disfruta con ideas nuevas. Le gusta expresarse de diferentes maneras, mediante el canto, el baile, la escritura, la pintura y —en especial— la conversación.

Verde

Las personas que tienen auras de las cuales emana el verde disfrutan con los desafíos y las oportunidades para ponerse a prueba. Están dispuestas a trabajar sin descanso, sin importar el tiempo que tarden en alcanzar sus objetivos. Son sanadoras naturales.

Azul

Aquellos individuos de cuyas auras irradia el azul disfrutan con la libertad y la variedad. Odian verse limitados o restringidos de algún modo. La ocupación más inadecuada sería un trabajo estándar de oficina. Les gusta viajar y ver caras y lugares nuevos.

Índigo

Los que tienen auras de las cuales emana el índigo disfrutan ayudando a otros, en especial a gente a la que quieren. Les gusta solucionar los problemas familiares y, por lo general, son los primeros en quienes confían los miembros de la familia cuando surge un problema.

Violeta

La gente de cuyas auras irradia el violeta disfruta del tiempo en soledad para aprender y crecer en conocimiento y sabiduría. Con frecuencia se involucran en actividades espirituales o metafísicas, ya que les gusta descubrir las verdades ocultas que hay detrás de todas las cosas.

Plateado

Las personas que tienen auras de las cuales emana el plateado disfrutan generando grandes ideas. Les da igual que éstas sean prácticas: lo importante son las ideas en sí mismas. Pueden perderse por completo dentro de su imaginación, y son las más felices en ese mundo propio cuando todo es perfecto.

Dorado

Los individuos de cuyas auras irradian el dorado disfrutan con empresas a gran escala. Busca desafíos que pueda hacerla crecer y la saque de su zona de comodidad.

Rosa

Aquellos que tienen auras de las cuales emana el rosa disfrutan planificando el éxito financiero y soñando con él. Si aprenden a armonizar el rosa con su color básico, pueden llegar a tener un éxito asombroso.

Blanco

Las gentes de cuyas auras irradia el blanco son idealistas y amantes de la paz. Disfrutan apoyando causas en las que creen, y buscan un mundo mejor para las generaciones futuras.

El aura tiene varias capas, conocidas como cuerpos sutiles, y a veces sus colores varían. En la práctica, la mayoría de los clarividentes ve el aura como el plano etérico, rodeado por una sola capa, en cuyo interior hay distintos colores. Sin embargo, al cobrar cada vez más conciencia de las auras, es posible que empecéis a ver las diferentes capas que componen el aura. Existen siete:

1. El Plano Físico Etérico.
2. El Plano Astral.
3. El Plano Mental Inferior.
4. El Plano Mental Superior.
5. El Plano Espiritual.
6. El Plano Intuitivo.
7. El Plano Absoluto.

Éstos se hallan conectados con los chakras, que discutiremos en el capítulo siguiente.

■ Pistas por si tenéis dificultades

Algunas personas no tienen problemas para ver los colores dentro de las auras. No obstante, a otras les resulta dolorosamente difícil. Hace años, una mujer en una de mis clases era capaz de ver el nebuloso entorno casi invisible de inmediato. Sin embargo, y sin importar cuánto tiempo le dedicara a practicar, no podía ver color alguno. Le resultó muy frustrante comprobar que otras personas de la clase a las que le había resultado difícil ver los primeros signos del aura pudieron percibir los colores con aparente facilidad.

Por fortuna, pude ayudar a esa mujer enseñándole cómo buscar los colores. En cuanto supo qué colores estaba buscando, descubrió que su percepción de ellos crecía casi de la noche a la mañana. En retrospectiva, su mayor problema era la ansiedad. Como ella había sido la primera persona de la clase en ver las auras, también esperaba ser la primera en ver sus colores. Se sintió frustrada cuando todos los demás pudieron verlos, y esa frustración hizo que lo intentara con demasiado énfasis.

Como ya he mencionado antes, es importante relajarse y permitir que los colores aparezcan poco a poco. Todos somos diferentes. Algunas personas ven los colores desde el principio. Otras tardan semanas o meses para desarrollar esa habilidad.

Resulta útil si adquirís conciencia de los diferentes colores y sintonizáis con ellos. Sed conscientes de los colores que lleváis, y preguntaos por qué lucís esos colores en particular. Experimentad con otros distintos y comprobad cómo os sentís llevándolos. Veréis que vuestra percepción de los colores crece enormemente, lo cual os facilitará ver las auras.

Hace unos años, un amiga mía tenía que dar una conferencia ante un grupo de colegas y no se sentía capacitada para la tarea. No dejaba de preocuparse al respecto, hasta que por último le sugerí que llevara algo rojo para que le diera un poco de confianza. Yo me refería quizá a una blusa, pero ella se compró un traje y unos zapatos rojos, y dio una presentación dinámica. La experiencia aumentó su percepción de los colores, y ahora le encanta llevar colores brillantes. En el pasado, la mayor parte de su ropa había sido gris o marrón.

Sed conscientes de los colores que lucen otras personas. Preguntaos qué beneficios, si acaso hay alguno, obtiene esa gente de los colores que ha elegido.

Mientras os quedáis dormidos por la noche, visualizad escenas agradables y vedlas con toda la claridad de la que seáis capaces. Por ejemplo, podéis contemplaros en vuestra playa favorita. Ved y sentid la textura de la arena bajo los pies. Aspirad el aire salado, y mirad —y ved con toda la precisión que podáis— los colores de la arena, el mar y el cielo.

Hace unos años pasé unos días estupendos en una cabaña en lo alto de una zona montañosa y boscosa. Si deseo visualizar una escena agradable, me imagino la vista desde la puerta de la cabaña, observando más allá de kilómetros y kilómetros de pinares las cumbres nevadas de las montañas. Puedo recordar con facilidad aquella atmósfera apacible, tranquila y relajante. Casi soy capaz de oler el aroma de pino y sentir la brisa fresca. Pero, por encima de todo, vuelvo a capturar y ver los exuberantes colores que me rodeaban.

Muchos de mis estudiantes han descubierto que dibujar con rotuladores de color es un ejercicio útil para el desarrollo de la conciencia de colores. Les digo que dibujen algo sin prestarle mucha atención a los colores que emplean. Más tarde, los observan y vuelven a capturar lo que sintieron mientras dibujaban. Si se sentían tristes, solos o deprimidos, invariablemente elegían negros y marrones, pero si se encontraban felices y en lo alto del mundo, usaban un arco iris de colores brillantes y alegres.

Dibujar de esta manera es un modo excelente de liberar sentimientos no deseados y negativos. También resulta de extremada utilidad para desarrollar la percepción de colores, ya que requiere el empleo del lado derecho del cerebro, necesario para ver las auras.

Por último, inhalar los colores puede ser de mucha ayuda. Para ello, sólo necesitáis cerrar los ojos y visualizaros aspirando una gran bocanada de aire rojo. Mientras exhaláis, visualizad ese aire rojo extendiéndose por todo vuestro cuerpo. Hacedlo tres o cuatro veces con el rojo, luego repetidlo con el naranja. Poco a poco abarcad todo el arco iris. Prestad atención a lo que sentís mientras aspiráis los distintos colores. Este ejercicio es de gran utilidad para aprender el sentido de cada color, ya que experimentáis en vuestro propio cuerpo los efectos de cada uno.

■ Buscar los colores

Lo único que necesitáis son las varas en ángulo que usasteis para tantear el borde exterior del aura. Es positivo si se halla presente la persona cuya aura tratáis de ver, aunque no es esencial.

Empezad sosteniendo las varas de modo que la parte larga quede directamente hacia delante. Pedidle a las varas que os den una respuesta positiva. A mí me resulta de utilidad hacerlo en voz alta.

«¿Qué movimiento representa el «sí»?», pregunto.

En mi caso, las varas se mueven hacia dentro hasta que se superponen. Puede que veáis que las vuestras se mueven hacia fuera. Un amigo mío conoce que la respuesta es positiva cuando las varas se atraen pero se detienen en un ángulo de noventa grados. Da igual qué movimientos realicen las varas, siempre y cuando sepáis que indican una respuesta positiva.

Imaginaos que estáis buscando los colores de un hombre llamado Antonio. Empezáis sosteniendo las varas delante de vosotros y preguntáis: «¿Es rojo el color básico en el aura de Antonio?»

Si no obtenéis respuesta a eso, preguntad: «¿Es naranja el color básico en el aura de Antonio?»

Seguid con todos los colores hasta que obtengáis una respuesta positiva. Yo recorro todo el abanico de colores, aun cuando reciba una reacción positiva en el primero.

En cuanto tengáis el color básico, podéis pedirle a las varas en ángulo que os digan cuáles son los colores secundarios. Recordad que con éstos podéis recibir más de una respuesta positiva.

Suponed que descubrimos que Antonio tiene un color básico azul, con rojo y violeta como colores secundarios. Ahora sabemos qué colores estamos buscando, y eso nos facilita mucho la tarea de discernirlos.

En la práctica, la mayoría de la gente sólo necesita hacer esto unas pocas veces. Después, la conciencia de color se habrá desarrollado lo suficiente como para que vea el aura completa sin la ayuda de las varas en ángulo.

■ Determinar los colores con la numerología

Otro método para hallar los colores de las auras de las personas es el empleo de la numerología. En la numerología, cada número está relacionado con un color específico[5]:

---

[5] Las combinaciones de color y números que se muestran aquí son estándar, y he comprobado que resultan extremadamente precisas. Sin embargo, a algunas personas se les han ocurrido combinaciones distintas. Un ejemplo es Bárbara J. Bishop, que proporciona la siguiente combinación en su libro *Numerology: The Universal Vibrations of Numbers* (Llewellyn Publications, St. Paul, 1990): 1 = rojo, 2 = naranja, 3 = amarillo, 4 = verde, 5 = azul, 6 = violeta, 7 = negro, 8 = gris y 9 = blanco. Experimentad, y comprobad qué combinación específica os funciona.

1	Rojo
2	Naranja
3	Amarillo
4	Verde
5	Azul
6	Índigo
7	Violeta
8	Rosa
9	Bronce
11	Plateado
22	Dorado

El color básico se determina por el número del Camino Vital de la persona. Éste es el número más importante en la numerología pitagórica, ya que representa el objetivo de esa persona en la vida. Recordaréis que el color básico revela qué debería estar haciendo con su vida esa persona. Por este motivo, el color básico y el color relacionado con su Camino Vital son, por lo general —pero no siempre—, los mismos.

El Camino Vital se determina sumando la fecha completa de nacimiento. Supongamos que queremos determinar el color de alguien que nació el 28 de abril de 1980. Sumamos los siguientes números:

```
  28 (día)
   4 (mes)
1980 (año)
────
2012
```

Luego, sumándolo, reducimos el total (2012) a un sólo dígito: 2 + 0 + 1 + 2 = 5

El número del Camino Vital de esta persona es 5, y como el 5 está relacionado con el color azul, es probable que él o ella tengan un color básico azul en su aura.

He aquí otro ejemplo. En esta ocasión una mujer joven nació el 12 de marzo de 1975:

$$\begin{array}{rl} 12 & \text{(día)} \\ 3 & \text{(mes)} \\ \underline{1975} & \text{(año)} \\ 1990 & \end{array}$$

Entonces reducimos el total a un sólo dígito: 1 + + 9 + 9 + 0 = 19, y 1 + 9 = 10, y, por último, 1 + 0 = 1. El número del Camino Vital de esta mujer es el 1, lo que significa que, probablemente, su color básico es el rojo.

Sólo hay dos excepciones en la reducción del total a un único dígito. Bien cuando aparece el 11 o bien el 22 durante dicho proceso. En la numerología se los conoce como Números Maestros y no se reducen a 2 o a 4. Ello es debido a que la gente que los posee está bendecida con un potencial mayor que el resto de nosotros.[6]

---

[6] *Talisman Magic*, de Richard Webster, Llewellyn Publications, St. Paul, 1995, página 56.

También creamos una suma al estilo que he descrito para evitar perder cualquier número maestro. Tengo una buena amiga que nació el 29 de febrero de 1944. Cuando sacamos el número de su Camino Vital mediante el método recién explicado, descubrimos que es un 22:

$$\begin{array}{rl} 29 & \text{(día)} \\ 2 & \text{(mes)} \\ \underline{1944} & \text{(año)} \\ 1975 & \text{y } 1 + 9 + 7 + 5 = 22 \end{array}$$

Si sumáramos sus números en línea recta, perderíamos el número maestro: 2 + 9 (día) + 2 (mes) + 1 + 9 + 4 + 4 (año) = 31, y 3 + 1 = 4.

Por esto resulta importante sumar el día, el mes y el año de nacimiento creando una sola cantidad, en vez de sumar todos los números para luego reducirlos a un único dígito.

Notaréis que disponemos de una elección de apenas once colores distintos en la numerología. A esto se debe que dicho método no sea perfecto en un 100 por 100. Por lo general, los dos colores serán los mismos, pero es posible que puedan variar.

Alguien podría tener un Camino Vital de 7, que está relacionado con el color violeta, pero quizá con un aura blanca. De hecho, él o ella pueden tener cualquier otro color como básico. Ello es consecuencia de que el número del Camino Vital representa el objetivo en la vida de esa persona.

En consecuencia, el color indicado por el Camino Vital sin duda aparecerá en alguna parte del aura, aunque tal vez no sea el color básico, ya que lo que revela es lo que debería estar haciendo la persona con su vida. En la práctica, y cuando no sean los mismos, los colores serán compatibles.

El número del Camino Vital quizá sea preciso en un 95 por 100 en la determinación del color básico de una persona. Por fortuna, los otros números principales de la numerología son extremadamente exactos para determinar los colores secundarios.

Estos números proceden del nombre por el que generalmente se conoce a la persona. Esto se puede complicar, ya que la gente puede ser conocida por distintos nombres. Antonio Martínez, para sus padres, quizá sea José. Tal vez sus amigos lo llamen Antonio, pero en el trabajo es conocido como J. L., ya que su segundo nombre es López. En el banco lo conocen como José López Martínez. Sin embargo, firma los cheques J. L. Martínez. De niño era conocido como Antoñito. Por lo general, su mujer lo llama «Toñín». Para empeorar las cosas, fue adoptado a los tres años. Al nacer recibió el nombre de José López González, pero cuando lo adoptaron asumió el apellido Martínez. ¿Qué nombre empleamos?

En la práctica, usamos el nombre con el que se siente más cómodo. Casi siempre es el nombre por el que lo conocen sus amigos. De modo que, en este caso, emplearemos el de Antonio Martínez.

Esto contrasta con la numerología tradicional, en la que se usa el nombre completo que recibió la persona al nacer.

Convertimos las letras del nombre de Bill en números gracias el siguiente gráfico:

1	2	3	4	5	6	7	8	9
A	B	C	D	E	F	G	H	I
J	K	L	M	N	Ñ	O	P	Q
R	S	T	U	V	W	X	Y	Z

Con el nombre de Antonio Martínez encontramos este total:

Antonio Martínez
1537597 41139559
1 + 5 + 3 + 7 + 5 + 9 + 7 (Antonio) +
+ 4 + 1 + 1 + 3 + 9 + 5 + 5 + 9 (Martínez) = 74,
7 + 4 = 11

El 11 es el número de Expresión de Antonio en la numerología y representa sus capacidades naturales. Es evidente que se trata de una persona polivalente.

Sabemos que el 11 está relacionado con el color plateado, de modo que Antonio tendrá este color irradiando hacia el exterior a través de su color básico.

El siguiente número más importante en la numerología es el Impulso del Alma. Este número se crea sumando el valor de todas las vocales que aparecen en el nombre de la persona. Antonio tiene siete vocales entre su nombre y su apellido.

Sumamos los números relacionados con las vocales: $1 + 7 + 9 + 7 + 5 + 9 + 5 = 43$, y $4 + 3 = 7$. El número del Impulso del Alma de Antonio es el 7, relacionado con el bronce. Antonio también tendrá tintes juveniles emanando de su aura.

Por desgracia, existe también una excepción a las reglas que determinan el Impulso del Alma. La letra «Y» por lo general se considera una vocal, ya que casi siempre actúa como tal (como en el nombre «Lynda»), o no se pronuncia (como en «Kay»). No obstante, si se pronuncia (como en «Yolanda»), se considera una consonante.

■ Obtener conciencia de color

Hay dos ejercicios muy útiles que os ayudarán a ganar conciencia de color. El primero es parte de un ejercicio de relajación, y varias personas a las que conozco lo usan cuando se acuestan para que las ayude a dormir.

Meditación del arco iris

Sentaos en una silla cómoda o echaos en la cama y cerrad los ojos. Respirad hondo varias veces, concentrándoos en la respiración. Al exhalar, decíos «Estoy tranquilo y relajado». Cuando os sintáis totalmente relajados, imaginad un arco iris hermoso y perfecto. Imaginadlo con la máxima claridad que podáis.

En vuestra imaginación, dirigíos hacia él y entrad en el rojo. Visualizaos completamente rodeados y bañados por el color rojo. Sentid cómo penetra en vuestro cuerpo y revitaliza cada célula y órgano. Puede dar la impresión de que el rojo es un río de energía que fluye, que llega a vosotros para envolveros mientras os atraviesa y os rodea.

Cuando os sintáis impregnados por completo por el rojo, avanzad por el arco iris y entrad en el naranja. Sentid la paz y la satisfacción que penetra en vosotros a medida que os imagináis completamente rodeados por la energía naranja.

Seguid hacia el hermoso y estimulante amarillo. Aunque mentalmente os resultará estimulante, asimismo tendrá un efecto tranquilizador sobre vuestros nervios y cuerpo.

Después de que os hayáis bañado por completo en la energía amarilla, continuad hacia el verde. Fijaos lo apaciguador que es. Todo el estrés y la tensión desaparecerán cuando esta energía sanadora os envuelva y refresque.

Salid del verde y entrad en el azul. Veréis que durante un breve instante os rodeará el turquesa al ir entrando en el azul visionario. Sentiréis un deseo poderoso de avanzar y hacer algo con vuestra vida al permitiros ser bañados por el brillante azul. Os sentiréis más sanos y entusiastas como hacía mucho, mucho tiempo, que no os sentíais.

Hace falta dar un solo paso para entrar en el índigo, un color profundo, intenso e iluminador. Sentid su energía sanadora, tranquilizadora y sosegadora. Es muy beneficioso pasar un tiempo bañado en el azul y el índigo.

Por último, pasad a la banda del violeta y sentid el rápido aumento que se produce en vuestra percepción y comprensión de la vida. Sentid cómo vuestra mente se abre a la intuición y la inspiración.

Cuando hayáis terminado este ejercicio, haced una pausa y relajaos unos momentos antes de abrir los ojos. Os sentiréis frescos y totalmente revitalizados. No obstante, la mayor ventaja de realizar este ejercicio radica en que nos brinda una conciencia aumentada de color. Al imaginaros rodeados y bañados por cada color obtendréis percepciones del sentido y las relaciones de cada color. Conseguiréis todas las ventajas de la meditación más una percepción potenciada de los colores del arco iris.

Auras de un sólo color

Otro modo excelente de obtener conciencia de color es ver las auras que rodean a los colores individuales. Ello se debe a que las auras de un solo color parecen ser considerablemente más fáciles de ver que las auras humanas. Para mis clases de desarrollo psíquico tapo los bloques de plástico con que juegan los niños con láminas de celofán coloreado. Cada bloque está cubierto con un celofán de distinto color.

Coloco los bloques, uno por vez, sobre la mesa y dejo que la clase los mire. Empiezo con el azul, seguido del rojo, ya que parecen ser los colores más fáciles en torno a los cuales ver las auras. Es mejor si mis alumnos están sentados al menos a un metro del bloque. Sugiero que miren ligeramente a un costado del bloque y se centren en la pared que hay detrás. Mientras miran la pared, les digo que permanezcan relajados. Por lo general, es sólo cuestión de segundos hasta que alguien nota un contorno de un color distinto al que están observando. Ven un aura amarilla alrededor de un bloque azul y una verde en torno al rojo. Éstos se conocen como los colores complementarios.

Cuando los han visto, los sustituyo rápidamente por los otros bloques y de nuevo todo el mundo es capaz de ver las auras que los rodean.

Se puede realizar este mismo ejercicio con láminas de cartón, cada una de un color distinto.

El objetivo de este ejercicio es el de mostrarle a la clase que las auras existen alrededor de todo, y que lo único que tiene que hacer es relajarse y mantenerse consciente de ellos para que se vuelvan visibles. Sin embargo, asimismo es un ejercicio perfecto para la gente que tiene dificultad en ver los colores dentro de las auras.

En la práctica, descubriréis que la búsqueda mediante las varas y la numerología resultan herramientas útiles cuando se empieza. Pero a medida que vuestra conciencia de color se incrementa, comprobaréis que cada vez los vais a necesitar menos.

No dependáis de estos instrumentos artificiales. Pueden ser de gran utilidad para revelaros qué colores buscar, pero, si discernís los colores, con ellos siempre frenaréis vuestro progreso. No dejéis de practicar. Tened paciencia y permitid que acontezca.

Hasta ahora no ha habido una gran investigación científica acerca de los colores del aura y su significado. Sin embargo, la poca investigación que se ha realizado señala que los colores del aura «son indicadores importantes de los rasgos personales»[7].

---

[7] *Psychic Phenomena*, del doctor Joe H. Slate, McFarland and Company, Inc., Jefferson, 1988, página 70.

5

Los chakras

LOS CHAKRAS son siete centros de poder situados a lo largo de la columna vertebral en el cuerpo etérico (figura 5.1). En el yoga hindú se cree que *prana*, la fuerza vital, fluye alrededor de nuestros cuerpos a través de una red de diminutos canales llamados *nadis*. Se dice que hay 72.000 *nadis* en el cuerpo sutil humano[1]. Los chakras están ubicados en el *nadi* principal (el *sushumna*), que corre a lo largo de la columna. Son círculos de energías sutiles que giran como ruedas y absorben energías superiores y las transforman en formas útiles que se pueden utilizar en el cuerpo. En Oriente a menudo se las muestra como flores de loto, un círculo rodeado de pétalos.

---

[1] *The Magician's Companion*, de Bill Whitcomb, Llewellyn Publications, St. Paul, 1993, página 101.

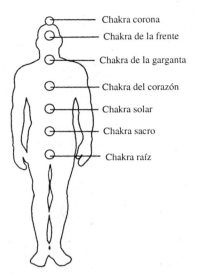

FIGURA 5.1.
Los siete centros de los chakras.

Nuestros cuerpos contienen corrientes de energía positiva y negativa que proceden directamente de nuestra respiración. El lado derecho del cuerpo contiene energía positiva, y el lado izquierdo, negativa. Estas energías influyen en la dirección en que giran los chakras. Cada chakra da la impresión de girar en dirección opuesta a los chakras que tiene arriba y abajo.

Habréis sentido la enorme energía que emana de estos chakras cuando buscabais el aura, por lo que tendréis una buena idea de lo poderosos que son.

Cada chakra tiene un nombre y un color que asciende en forma de espiral desde su centro. Cada uno está relacionado con un color del arco iris. Por ende, nuestras auras contienen como mínimo una pequeña parte de cada color del arco iris.

Los chakras han sido conocidos y utilizados en Oriente durante miles de años, pero hasta hace poco los científicos occidentales los habían ignorado. En la década de 1970, el doctor Hiroshi Motoyama, de Japón, condujo una investigación para demostrar o invalidar la existencia de los chakras. Los resultados fueron positivos y aparecen en su libro *Science and the Evolution of Consciousness: Chakras, Ki, and Psi*[2]. El doctor Motoyama realizó pruebas dentro de una cabina especialmente diseñada y recubierta de plomo para ver si podía medir la emisión bioenergética/bioeléctrica de los chakras. Un electrodo móvil de cobre se colocaba cerca del chakra que estaba siendo probado para medir su campo bioeléctrico. Cuando se realizaron pruebas en gente que afirmaba haber abierto o despertado chakras específicos, el doctor Motoyama descubrió que la amplitud y frecuencia del campo eléctrico alrededor de ese chakra era signi-

---

[2] *Science and the Evolution of Consciousness: Chakras, Ki, and Psi*, del doctor Hiroshi Motoyama y R. Brown, Autumn Press, Inc., Brookline, 1978, páginas 93-98.

ficativamente mayor que alrededor del mismo chakra de los sujetos de sus pruebas.

El doctor Motoyama también descubrió que algunas personas podían proyectar energía de forma consciente a través de sus chakras, con el fin de crear perturbaciones en el campo eléctrico. A diferencia de muchos experimentos psíquicos, éste es repetible y ha sido demostrado muchas veces en laboratorios universitarios [3].

Otro experimento interesante lo llevó a cabo la doctora Valerie Hunt, en UCLA. Estaba realizando experimentos para determinar los efectos terapéuticos de una técnica manipuladora conocida como Rolfing y empleaba electrodos EMG, que, por lo general, se usan para medir el potencial eléctrico de los músculos. Descubrió que las lecturas que obtenía sobre las posiciones de los chakras eran mucho más altas que en otras partes del cuerpo [4].

---

[3] *Vibrational Medicine*, de Richard Gerber, M. D., Bear and Company Publishing, Santa Fe, 1988, página 132.

[4] *Vibrational Medicine*, de Richard Gerber, M. D., página 133. Los hallazgos originales de la doctora Valerie Hunt quedaron registrados en su artículo «Electronic Evidence of Auras, Chakras in UCLA Study», en *Brain/Mind Bulletin*, vol. 3, n.º 9 (20 de marzo 1978). La doctora Hunt descubrió que las frecuencias normales de las ondas cerebrales estaban entre 0 y 100 ciclos por segundo. La frecuencia muscular llegaba a los 225 cps y la del corazón a 250 cps. Sin embargo, las lecturas de los chakras abarcaban un espectro de frecuencias que iba entre los 100 y los 1600 cps.

Otro descubrimiento sorprendente de esta serie de experimentos involucró a Rosalyn Bruyere, una psíquica dotada. Mientras la doctora Hunt monitorizaba electrónicamente los chakras, Rosalyn Bruyere observaba los cambios que se producían en las auras de los voluntarios. La doctora Hunt descubrió que los comentarios de la psíquica sobre los cambios de color dentro del aura tenían perfecta correlación con los registros de los electrodos EMG. Comprobaron que cada vez que Bruyere mencionaba ver, por ejemplo, el rojo en el aura, un nítido patrón de onda se registraba en el equipo de grabación. Sucedió lo mismo con los demás colores[5].

■ La cuaterna

Los cuatro últimos chakras a menudo están representados como un cuadrado, conocido como cuaterna. Tienen una vibración más lenta que los tres chakras superiores y están sólidamente anclados en la tierra. Cada uno de ellos se halla relacionado con uno de los elementos tradicionales: fuego, tierra, aire y agua.

---

[5] *Vibrational Medicine*, de Richard Gerber, M. D., páginas 133-134.

Chakra raíz
(Muladhara)

Color; *Rojo*
Elemento: *Tierra*
Sentido: *Olfato*
Deseos: *Contacto físico*
Desafío: *Pensar antes de actuar*
Clave: *Físico*

El chakra radical está situado en la base de la columna y nos brinda la sensación de seguridad y bienestar. La palabra sánscrita *muladhara* significa «apoyo». De hecho, el chakra raíz aumenta la vitalidad y nos mantiene firmemente anclados a la tierra. Nos hace sentir vibrantes, vivos y llenos de energía. En un plano emocional, nos da coraje y persistencia. También gobierna nuestro sentido del olfato y las partes sólidas de nuestro cuerpo, como los dientes, los huesos y las uñas. Desempeña un papel importante en nuestra supervivencia, ya que también controla nuestras respuestas de lucha o huida. Cuando este chakra padece falta de estímulo, nos sentimos nerviosos e inseguros. En consecuencia, dentro de él puede crecer el miedo. Y cuando sufre un exceso de estímulo, podemos ser dominantes, egoístas y adictos al dinero y al sexo.

Chakra sacro
(Svadisthana)

    Color: *Naranja*
  Elemento: *Agua*
   Sentido: *Gusto*
   Deseos: *Respeto y aceptación*
  Desafío: *Amar y servir a otros*
    Clave: *Social*

El chakra sacro está situado al nivel del sacro, en la zona baja de la espalda, a unos cinco centímetros por debajo del ombligo. Como está relacionado con el agua, se ocupa de las funciones de los fluidos del cuerpo. Representa la sexualidad, la creatividad y el equilibrio emocional. *Svadisthana* significa «hogar de la fuerza vital». Este chakra estimula el optimismo y la esperanza a un nivel emocional. También tiene que ver con nuestro sentido del gusto. La gente que se relaciona con facilidad con otros tiene un chakra sacro bien equilibrado. Esto le proporciona la fluidez necesaria para interactuar suave y eficientemente. Si este chakra no funciona con efectividad, podemos experimentar enfermedades como la artritis. Éstas a menudo son consecuencia de las emociones negativas como la ira, la frustración y el resentimiento provocados por el poco estímulo de este chakra. Cuando tiene un exceso de estímulo, somos manipuladores, agresivos y demasiado autocomplacientes.

Chakra solar (Manipuraka)

Color: *Amarillo*
Elemento: *Fuego*
Sentido: *Vista*
Deseos: *Comprender*
Desafío: *Comunicarse eficazmente con los seres queridos*
Clave: *Intelecto*

El chakra solar está situado a la altura del plexo solar. La palabra *manipuraka* significa «joya del ombligo». Nos da calidez, buena autoestima y felicidad. Este chakra se ocupa de dos zonas. Cuando trabaja con eficiencia, se relaciona con la absorción y la asimilación de la comida, que nos proporciona una buena digestión y sensación de bienestar físico. También tiene que ver con los ojos. Ello no resulta sorprendente si consideramos cuánto más brillante parece todo cuando nos sentimos felices y satisfechos. También se relaciona con la sensibilidad. En el plano emocional, este chakra crea optimismo, creatividad, respeto propio y confianza. La ira y la hostilidad pueden acumularse dentro del chakra solar cuando la persona vive de forma negativa.

Cuando este chakra tiene un exceso de estímulo, nos volvemos adictos al trabajo, perfeccionistas y muy exigentes. Si es poco estimulado, nos falta confianza, nos sentimos confusos y perdemos el control sobre nuestra vida.

Chakra del corazón (Anahatha)

Color: *Verde*
Elemento: *Aire*
Sentido: *Tacto*
Deseos: *Amar y ser amado*
Desafío: *Ganar confianza*
Clave: *Emociones*

El chakra del corazón está situado en el centro del pecho, en línea con el corazón. Se relaciona con el amor, la armonía, la comprensión simpática y el sentido del tacto. Cuando estamos «en contacto» con alguien, nuestro corazón (emociones) se vuelca hacia esa persona. En el Lejano Oriente, este chakra de amor es aludido a menudo como la «casa del alma». *Anahatha* significa «invicto». Emocionalmente, aumenta la compasión, la autoaceptación y el respeto hacia uno mismo y los demás. Estas personas están en contacto con sus sentimientos y se nutren a sí mismas y a otras.

Estáis destinados a conocer a gente que tiene un chakra del corazón poco estimulado. Ésta se halla inclinada a tener una sensibilidad excesiva, mucha simpatía y la necesidad constante de dar a los demás. Siente pena de sí y padece un miedo continuo. La mayoría de los dependientes tiene este chakra poco estimulado. Si se diera el caso contrario, nos volvemos posesivos, exigentes, sombríos y controladores.

■ La Trinidad

Los tres chakras superiores son conocidos como la trinidad o tríada. Vibran a un nivel superior que los cuatro inferiores. Los tres chakras de la trinidad se relacionan con las cuadruplicidades de la astrología conocidas como cardinal, fija y mutable. Los signos cardinales (Aries, Cáncer, Libra y Capricornio) son expansivos, enérgicos y expresivos. Los signos fijos (Tauro, Leo, Escorpio y Acuario) son rígidos, obstinados y tenaces. Los signos mutables (Géminis, Virgo, Sagitario y Piscis) son adaptables y capaces de acomodarse a circunstancias cambiantes.

Chakra de la garganta (Vishuddha)

Color: *Azul*
Cuadruplicidad: *Fijo*
Sentido: *Oído*
Deseos: *Paz interior*
Desafío: *Arriesgar*
Clave: *Conceptos*

El chakra de la garganta se halla situado al nivel de la garganta. *Vishuddha* significa «puro». Este chakra es un elemento vital para transmitir el pensamiento y las ideas desde el chakra de la frente hasta los cuatro chakras inferiores. Está relacionado con el sonido, en especial la voz. Es el chakra de la comunicación y la autoexpresión. En el plano emocional potencia el idealismo, el amor y la comprensión. Cuando está adecuadamente equilibrado, nos brinda satisfacción, paz mental, buen sentido de la sincronización y una fe fuerte. Cuando tiene un exceso de estímulo, podemos volvernos arrogantes, dogmáticos, sarcásticos y altaneros. Cuando padece falta de estímulo, nos volvemos débiles, tortuosos y de poca confianza.

Chakra de la Frente (Ajna)

Color: *Índigo*
Cuadruplicidad: *Mutable*
Deseos: *Estar en armonía con el universo*
Desafío: *Convertir los sueños en realidad*
Clave: *Intuición*

Este chakra está situado en la frente, entre las cejas. En sánscrito se lo llama *Ajna*, que significa «mando». Este chakra gobierna la mente y es el centro de mando que controla el resto de los chakras. Jamás se crea algo sin que antes alguien lo haya pensado. Ésta es la función del chakra de la frente. Por desgracia, la mayoría de nosotros tiene poco o ningún control sobre sus patrones de pensamiento. En el plano emocional aumenta nuestra comprensión del mundo cotidiano al volvernos conscientes de nuestra naturaleza espiritual.

Toda la intuición procede del chakra de la frente, incluso los ejemplos ínfimos como captar los estados de ánimo y los sentimientos de otra gente. ¿Habéis pasado alguna vez un tiempo con alguien lleno de energía negativa y os habéis marchado sintiéndoos totalmente agotados? La energía negativa de esa persona os influyó, aun cuando él o ella sólo haya expresado en voz alta ideas positivas o neutrales. En el plano subliminal todos nos vemos influidos por los demás.

Cuando este chakra tiene un exceso de estímulo, nos volvemos orgullosos, autoritarios, manipuladores y dogmáticos. Adolfo Hitler debió tener un chakra de la frente sobreestimulado. Cuando tiene poco estímulo, nos volvemos fracasados vacilantes y tímidos.

Chakra corona
(Sahasrara)

Color: *Violeta*
Cuadruplicidad: *Cardinal*
Deseos: *Comprensión universal*
Desafío: *Crecer en conocimiento y sabiduría*
Clave: *Espiritualidad*

El chakra corona está situado en la parte superior de la cabeza y controla las vibraciones de energía más fuertes del cuerpo. Este chakra a menudo es retratado como un halo por los artistas cuando pintan a alguien espiritualmente evolucionado. La tonsura de los monjes comenzó como un modo de dejar al descubierto esa zona[6]. La palabra sánscrita *sahasrara* significa «mil», y el símbolo del chakra corona es el loto de mil pétalos.

Este chakra equilibra y armoniza los lados interior y exterior de nuestra naturaleza. También gobierna el plano místico y espiritual donde se realizan las interconexiones de todas las cosas vivas. Es muy difícil dejar atrás de este modo el concepto de individualidad y convertirse en parte del universo. No obstante, al hacerlo, nos convertimos realmente en un todo, ya que olvidamos y dejamos atrás nuestra naturaleza más baja, lo que nos permite vivir de verdad.

Cuando este chakra tiene un exceso de estímulo, nos sentimos frustrados y deprimidos y nos volvemos destructivos. Las migrañas agudas son corrientes cuando este chakra tiene un sobrestímulo. Pero si padece falta de estímulo, nos volvemos retraídos, no comunicativos y carecemos de alegría vital.

Cuando empecéis a ver los distintos chakras, notaréis que bajo ningún concepto son iguales en tamaño o intensidad. Una persona puede tener un

---

[6] *Omens, Oghams & Oracles*, de Richard Webster, Llewellyn Publications, St. Paul, 1995, página 14.

chakra de la garganta grande, vibrante, vivo, de movimiento rápido, y otra uno pequeño, apagado y pesado. Ello significa que la primera persona está utilizando este chakra de manera positiva, mientras que la segunda persona no aprovecha al máximo el potencial en esa zona.

Por fortuna, si la persona os da permiso, se puede rectificar el letargo del chakra de la garganta y equilibrar de forma efectiva sus energías. A ello se le llama equilibrio de auras.

■ Equilibrio de auras

En el capítulo 2 aprendimos a buscar el aura con las varas en ángulo. Ahora vamos a hacerlo con un péndulo.

Un péndulo es, sencillamente, un peso sujeto a un trozo de cuerda, cordel o cadena fina. Servirá casi todo, pero resulta más fácil interpretar los resultados si el peso tiene como mínimo unas onzas.

Hay una gran variedad de péndulos prefabricados que se venden en librerías psíquicas o Nueva Era. Si decidís comprar uno de estos, probad varios antes de tomar una decisión. Descubriréis que algunos reaccionan ante vosotros con más facilidad que otros. También podéis comprar péndulos para auras (a veces conocidos como péndulos de espectro). Éstos tienen en un lado todos los colores del arco iris. Asimismo, poseen un pequeño indicador que se puede subir y bajar para que indiquéis el color específico que estáis buscando. A mucha gente esto le resulta útil; yo tengo uno que uso. Sin embargo, un péndulo normal os proporcionará los mismos resultados (figura 5.2).

FIGURA 5.2.
Buscar auras con péndulo.

Sostened la cuerda del péndulo entre los dedos pulgar e índice y suspendedlo sobre la figura 5.3. Preguntadle qué dirección representa un «sí». Tened paciencia, y al rato empezará a moverse. Puede que lo haga de arriba abajo, o de lado a lado, o en un movimiento circular, bien en la dirección de las agujas del reloj o bien en sentido contrario.

Cuando sepáis qué lado indica el «sí», sostened el péndulo quieto por un momento sobre el centro del diagrama y luego preguntadle qué dirección representa un «no». Pasado un rato, el péndulo reaccionará y os dará esa información.

Es útil comprobar los movimientos del péndulo

FIGURA 5.3.

con cierta asiduidad. Mucha gente descubre que cuando un péndulo da una respuesta de «sí» y «no», esos movimientos se mantienen inalterados para siempre. No obstante, a otras personas les cambian de vez en cuando. Por ende, es una buena idea adquirir la costumbre de preguntarle a menudo qué movimiento indica un «sí» y cuál un «no».

Ahora ya podemos equilibrar el aura de nuestro amigo con el uso del péndulo.

Pedidle a vuestro compañero que se eche boca arriba en posición confortable. Por lo general, yo proporciono una almohada pequeña para que apoyen la cabeza.

Si tenéis un péndulo de auras, colocad el indicador para que señale el rojo. Si empleáis uno normal, decíos: «Ahora voy a comprobar el chakra raíz».

Suspended el péndulo sobre la base de la columna, más o menos en la posición correspondiente a los genitales. Preguntadle: «¿El chakra raíz de mi amigo tiene una buena salud?»

Si la respuesta es positiva, no hace falta realizar nada más, y podemos pasar al chakra sacro y comprobarlo. (Recordad, desde luego, que, al usar un péndulo de auras, debéis cambiar la posición del indicador al naranja.)

Sin embargo, si el péndulo da una respuesta negativa, indicando que el chakra radical no se halla en buena salud, debemos continuar el chequeo. En la práctica, yo compruebo primero cada chakra antes de volver a corregir cualquier desequilibrio (figura 5.4).

Una vez que he comprobado los siete chakras, le pregunto a mi péndulo cuál es el chakra más negativo. Lo hago preguntándole por cada uno en su correspondiente orden. «¿Es el chakra radical el más negativo?, ¿Es el chakra sacro el más negativo?», y así sucesivamente, hasta que he determinado la respuesta.

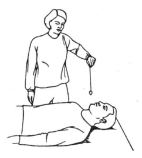

FIGURA 5.4.
Equlibrar el chakra con un péndulo.

En esta fase debemos formularle al péndulo dos preguntas más. Suspendedlo de nuevo sobre la figura 5.3 y preguntadle: «¿Qué dirección indica energías negativas?», y «¿Qué dirección indica energías positivas?»

Llenad un vaso con agua e introducid en él los dedos de la mano que no sostienen el péndulo.

Suspended el péndulo sobre el chakra más negativo y pedidle al péndulo que extraiga de él todas las energías negativas. El péndulo empezará a moverse en la dirección que indica negatividad. Lo que en realidad sucede es que la negatividad sube por el péndulo, pasa a vuestro brazo, atraviesa vuestro pecho y baja por el otro brazo hacia el agua.

Tan pronto deje de moverse en esa dirección, sacad los dedos del agua. Lavaos esa mano con agua del grifo y luego repetid el ejercicio con los otros chakras que mostraron energía negativa.

Mientras lo hacéis, es una buena idea hablar de lo que está pasando con vuestro amigo, y preguntarle qué provoca esa negatividad. No todo el mundo deseará discutirlo con vosotros, y es algo que debéis respetar. Sin embargo, y aun en esos casos, lo que yo hago es mencionar los factores que pueden estar causando la negatividad y dar sugerencias que, con suerte, la persona ejecutará. Por supuesto, si vais a llevar a cabo un equilibrio de auras, tenéis que ser atentos, sensibles, amables y comprensivos en el enfoque y estilo que adoptéis.

A veces la gente desconoce la causa de su negatividad. Ello podría deberse a que ha enterrado sus problemas tan hondo que no es consciente de que aún siguen allí.

Hace poco le hice un equilibrio de aura a un rico empresario. Se consideraba a sí mismo una persona extremadamente positiva y no podía creerse que albergara ningún tipo de negatividad. Sin embargo, mientras yo continuaba con el equilibrio de su aura, me confió que de niño jamás había llorado, ya que su padre le había dicho que los niños no lloran. Esa necesidad de ocultar y controlar sus emociones estaba enterrada en lo más profundo de sus chakras. Cuando terminé, lloró durante casi veinte minutos. Me tranquilizó diciendo que eran lágrimas de felicidad. Al marcharse parecía como mínimo quince años más joven que cuando llegó.

Una vez eliminada toda la negatividad, comprobad de nuevo los chakras para cercioraros de que el péndulo indica una respuesta positiva encima de cada uno. Esto es porque no siempre toda la negatividad ha sido eliminada. El trabajo no termina hasta que cada chakra brinda una respuesta positiva.

Luego, para rematar el proceso, colocad el indicador del péndulo de auras en verde y haced oscilar el péndulo sobre todo el cuerpo en la dirección que indica una respuesta positiva. Si usáis un péndulo normal, imaginad que de él brotan energías verdes y sanadoras que revitalizan y restauran a vuestro amigo.

Por último, pedidle a vuestro amigo que vierta el agua del vaso en la pila, al tiempo que le da las gracias por llevarse toda la negatividad.

Vuestro amigo debería sentirse y aparecer lleno de vida y energía tras un equilibrio de aura. A menudo la gente dice que se siente como nunca lo había estado en muchos años. Y, como recompensa, yo también me siento recuperado y vigorizado después de llevar a cabo un equilibrio de aura. Muchas personas abren sus corazones y mentes tras este proceso. Esto sucede incluso con gente que era reacia a discutir las causas de su negatividad mientras avanzaba el equilibrio de aura.

■ Cristales

Hay cristales que se relacionan con cada uno de los chakras y que se pueden llevar para que ayuden a lograr el equilibrio. Sin embargo, debéis elegirlos y llevarlos con cuidado. Absorben la energía con rapidez. En consecuencia, si estáis pensando de forma negativa, el cristal absorberá esa energía y más adelante os la reflejará de vuelta. También absorben los sentimientos de otras personas. Por ello, si pasáis gran parte de vuestro tiempo con gente malhumorada, desdichada o deprimida, vuestro cristal absorberá esos sentimientos y os los pasará a vosotros.

Por otro lado, si pasáis bastante tiempo con gente entusiasta, progresiva y feliz, vuestro cristal lo absorberá y lo reflejará sobre vosotros.

Es una buena idea llevar el cristal por debajo de la ropa, cerca de la piel. Esto ayuda a protegerlo de la energía negativa de otros. Por el mismo motivo, algunos prefieren guardar su cristal dentro de una bolsita alrededor del cuello. No obstante, eso resulta menos eficaz que llevarlo en contacto con la piel.

Tenéis que limpiarlos con regularidad, en especial si han acopiado negatividad. Lavadlos durante sesenta segundos con agua fría del grifo. Mientras lo hacéis, sostenedlo con el extremo inferior hacia abajo.

No es de sorprender que los cristales de cada chakra habitualmente se escojan por su color. En consecuencia, un cristal rojo se lleva para ayudar al chakra raíz, y uno naranja ayuda al chakra sacro. Mucha gente lleva cristales blancos de cuarzo. El objetivo es ayudar a todos los chakras, ya que los cristales blancos se relacionan con la luz, que crea todos los colores. Por lo tanto, los cristales de cuarzo pueden sanar el cuerpo indirectamente al aportar cualquier color que sea necesario.

Chakra raíz

- *Granate rojo* (mejor llevarlo por debajo de la cintura, ya que puede causar dolor de cabeza y mareo).
- *Obsidiana negra* (para cimentar).
- *Cuarzo ahumado* (bueno para los bloqueos psíquicos, emocionales y físicos).

Chakra sacro

- *Ojo del tigre* (da fuerza, resistencia y coraje).
- *Cornalina* (potencia la virilidad y reduce la tensión).

Chakra solar

- *Citrino* (ayuda a concentrarse y reduce las preocupaciones).
- *Malaquita* (una piedra verde que libera el trauma emocional y produje alegría).

Chakra del corazón

- *Jade verde* (da amor, calor y sabiduría).
- *Cuarzo rosa* (ayuda a amar y os nutre).
- *Venturina verde* (la piedra del soñador: aporta independencia y grandes ideas).

Chakra de la garganta

- *Sodalita* (facilita la autoexpresión).
- *Azurita* (potencia el despertar espiritual).

Chakra de la frente

- *Lapislázuli* (ayuda espiritualmente... usar con cuidado ya que en algunas personas puede provocar mareos).
- *Fluorita* (restaura el cuerpo tras los trastornos emocionales).

Chakra corona

- *Amatista* (protector poderoso).
- *Fluorita púrpura* (restaura el cuerpo y da conciencia espiritual).
- *Sugilita* (proporciona sentido de objetivo).
- *Cuarzo blanco* (contiene todo el arco iris y ayuda a todos los chakras).

6

Interpretar los colores

EN ESTE momento es probable que ya podáis ver una amplia variedad de colores en el aura de las personas. Resulta fascinante observar los muchos colores visibles que hay en el aura de todos, pero esta capacidad no es de gran utilidad a menos que sepáis cuál es el significado de cada uno de ellos. Cada color del aura tiene un sentido que se puede interpretar.

El color más obvio es el básico, ya que es el que domina en el aura. Con frecuencia, la gente me ha dicho lo infeliz que era con su color básico. Quizá se imaginaba poseedora de un aura violeta, hermosa y espiritual, y quedó decepcionada al enterarse de que poseía un color básico rojo terrenal. Estas personas se preocupan de forma innecesaria. Están usando el significado tradicional de los colores y desconocen los demás aspectos involucrados en ellos.

Los significados tradicionales son:

- ROJO: Sensualidad, vitalidad, agresividad.
- NARANJA: Emoción, salud.
- AMARILLO: Creatividad, intelecto.
- VERDE: Sanación, amor a la naturaleza.
- AZUL: Maestro, viajero, buscador de sabiduría.
- ÍNDIGO: Entrega, cuidados, humanitarismo.
- VIOLETA: Espiritualidad, intuición, maestro, clarividente.
- ROSA: Materialismo, fijar objetivos, trabajo duro.
- BRONCE: Humanitario, autosacrificio.
- BLANCO: Espiritualidad, pureza, altruismo.
- PLATEADO: Intuitivo, idealista, soñador, visionario.
- DORADO: Potencial ilimitado.

He conocido a personas que tenían cada uno de esos colores como el básico. Muchas veces están a la altura de las interpretaciones tradicionales de su color. Pero resulta igual de probable que estén haciendo justamente lo opuesto.

Por ejemplo, encontraréis a gente de negocios con todos los colores básicos posibles. Lo mismo se aplica a los maestros, doctores, abogados, fontaneros, vendedores y a cualquier profesión que se os pueda ocurrir. Asimismo, entre los parados habrá una representación de cada color. Hasta en las cárceles hallaréis todos los colores básicos.

¿Por qué? Uno esperaría que todos los que tienen el dorado como color básico hagan algo realmente positivo con su vida. Y que los que tienen el violeta o el blanco como color básico sean personas espiritualmente evolucionadas.

El hecho es que las personas son seres tan complejos y complicados que resulta imposible clasificarlas de un modo tan simplista.

Si le preguntáis a la gente con el naranja por color básico si tiene emociones fuertes, recibiréis diversidad de respuestas. Para algunos será afirmativa, pero otros negarán que las emociones desempeñen alguna parte en su vida. Sin importar cuál sea la respuesta, sabréis que en alguna fase de la vida de una persona ésta tendrá el potencial para darle un uso positivo a sus emociones.

Solía preocuparme pensar en el número de gente con el plateado y el dorado como colores básicos que no hacía absolutamente nada con su vida. Estaba claro, pensaba yo, que esas personas deberían tener mucho más éxito que nosotros. Sin embargo, aquí se aplica el dicho que reza que en realidad no llegamos a conocer a alguien hasta no haber caminado un kilómetro con sus zapatos. Con frecuencia, estas personas reciben oportunidades increíbles pero, por diversos motivos, no consiguen aprovecharlas.

El miedo es el más corriente. Miedo al fracaso. Miedo al éxito. Para gran parte de esta gente es más fácil dejar pasar las oportunidades y llevar una vida de mediocridad. Será dolorosamente consciente de que no está haciendo lo que podría —o debería— hacer, y que el miedo la frena.

El color básico sencillamente muestra qué es lo que esa persona debería estar haciendo con su vida. Pero ésta podría hacer algo por completo distinto, y hay muchas razones que lo justifican.

Durante un tiempo me dediqué a vender máquinas de imprimir. Cuesta encontrar a alguien con menos conocimientos mecánicos que yo, pero me fue bien en el trabajo porque me gustaba vender. Siempre que un comprador en potencia me formulaba una pregunta técnica, tenía que buscar la respuesta, ya que mi cerebro no funciona según las pautas prácticas. Mi color básico es el azul. Cualquiera que mirara mi aura en la época en que visitaba las imprentas se habría preguntado por qué me dedicaba a ese trabajo. Yo era consciente de que no hacía lo que debería estar haciendo, pero tenía una familia joven y una hipoteca grande a mi cargo, y las comisiones eran muy buenas. Lo desempeñaba como un medio para alcanzar un fin.

Fui afortunado por poder vender máquinas de imprimir durante un corto tiempo, pero mucha gente pasa toda su vida dedicada a trabajos inadecuados y que a menudo odia intensamente.

No hace falta decir que esto se refleja en su aura. Los colores tienden a mostrarse apagados y todo el aura exhibe un aspecto cansado y pequeño. Esa gente vive sólo media vida.

Contrastemos esto con alguien que se dedica a una carrera que ama. Cada mañana es el comienzo de un día lleno de estímulo y júbilo. Asumamos que esa persona también tiene una vida familiar feliz y satisfactoria, que ama y, a su vez, es amada. El aura de esta persona será grande y los colores vibrantes y a rebosar de energía y vida.

Puede que conozcáis a dos personas con el mismo color básico, pero una lleva una vida plena mientras la otra sólo realiza los movimientos con automatismo. Un desconocido que mirara sus auras sabría al instante quién se sentía realizado y quién no.

■ Auras de estado de ánimo

Nuestros colores básicos se mantienen toda la vida, pero temporalmente pueden ser sustituidos por otros colores a medida que cambian nuestros estados de ánimo.

Suponed que disfrutáis de un día agradable en el trabajo. A mitad de la jornada alguien entra en vuestro despacho y os acusa injustamente de algo que no habéis hecho. Entonces esa persona sale enfadada de vuestro despacho sin daros la oportunidad de contestar. ¿Se verían afectadas vuestras emociones? Es probable que de pronto vuestro color básico se impregnara con el color naranja para reflejar vuestro acentuado estado emocional.

Mientras meditáis en esa acusación injusta puede que os sintáis enfadados. El naranja se apagará y se entremezclará con el rojo. Pasado un rato, vuestra ira disminuirá y regresará vuestro color básico natural. Sin embargo, alguien que viera vuestra aura por primera vez, y que no supiera qué estaba pasando, podría dar por hecho que el color principal de vuestra aura era el naranja o el rojo.

Nuestras auras reflejan nuestros estados de ánimo en todos los momentos del día. Si estáis tranquilamente relajados, el aura contendrá una gran cantidad de verde. Si estuvierais concentrados en la solución de un problema en el trabajo, vuestra aura, en especial alrededor de la cabeza, se vería llena de amarillo.

La calidad de los colores refleja nuestro estado anímico presente. Un atleta a punto de intentar batir un récord mundial tendría una gran cantidad de rojo en su aura. Pero ese rojo sería vibrante, titilante y puro. Contrastémoslo con alguien enfadado y a punto de pelearse con otra persona. En ese caso, el rojo sería apagado, oscuro y cenagoso, reflejando los sentimientos de ira y furia de esa persona.

Podéis practicar la lectura de estas reacciones con vuestro compañero, haciendo que se imagine distintos estados de ánimo. Éstos no podrán capturar la lobreguez exacta en el aura de alguien poseído por la codicia, la lujuria o la envidia, pero el experimento os proporcionará una buena idea de los cambios que tienen lugar dentro del aura cuando están involucradas las emociones de alguien.

Buscad las oportunidades para mirar las auras de la gente en entornos distintos. Observad a un pianista embelesado en la música que está interpretando. Contemplad a un atleta preparándose para una carrera. Ved un aula llena de gente sentada ante un examen inminente. Un ejemplo especial para mí es observar a un coro mientras interpreta una canción que le gusta. Aquí todas las auras individuales parecen fundirse por encima de las cabezas y fluir hacia el cielo en una columna hermosa y blanca de energía pura.

Hace unos años yo dibujaba auras en una exposición grande. Al comienzo del día todas las que vi parecían lozanas y estimuladas. A medida que pasaba el día, vi auras cada vez más cansadas, y, al final de la jornada, aparecían frustradas y confusas. Poco a poco, todo el mundo presente en la exposición se sentía más frustrado por disponer de muy poco espacio de tiempo para contemplar todo lo que quería ver, y a medida que la sala se iba llenando le resultaba aún más complicado conseguirlo. En consecuencia, al pasar el día vi cada vez más auras de estado de ánimo y menos auras verdaderas. Fue una experiencia interesante observar la frustración de la multitud incrementarse de esa manera.

Se pueden percibir efectos similares en eventos deportivos, en particular cuando va perdiendo el equipo local.

Todo pensamiento crea un efecto sobre el aura. Se los conoce como formas de pensamiento. Una simple ensoñación surte poco efecto, pero los pensamientos importantes y constructivos se pueden leer con mucha claridad en el aura. Los pensamientos son más poderosos que lo que a veces imaginamos. Los negativos se acumulan de forma insidiosa, y pasado un tiempo pueden crear enfermedades en el cuerpo físico. Esa negatividad se puede vislumbrar en el aura en cuanto se origina. Todos tenemos entre cincuenta y sesenta mil pensamientos al día, y la mayoría de nosotros apenas sabe cuántos de esos pensamientos son positivos y cuántos negativos. Por desgracia, casi todos albergamos más pensamientos negativos que positivos.

Esta es la razón por la que las afirmaciones son tan valiosas. Se trata de pensamientos positivos que se colocan de forma deliberada en la mente. La mente desconoce si un pensamiento es fortuito o deliberado. Sencillamente actúa sobre lo que recibe. Es una buena idea cambiar de inmediato de pensamientos negativos a positivos siempre que os descubráis pensando de manera negativa.

La mente ni siquiera sabe, ni le preocupa, si la afirmación es verdadera o falsa. Por ejemplo, si estáis experimentando problemas económicos, es probable que tengáis bastantes pensamientos negativos acerca de vuestra situación. Es factible que penséis más en la pobreza que en la riqueza. Si, en esta situación, os decís: «Yo creo prosperidad», cada vez que os descubráis con un pensamiento negativo acerca del dinero, la mente empezará a pensar de forma más positiva sobre vuestra situación financiera y, con el tiempo, comenzaréis a crear prosperidad. Puede que el cambio en vuestra situación financiera tarde en producirse, pero el cambio en el aura será inmediato.

■ Significado de los colores

Los colores de estado de ánimo van y vienen y no siempre son fáciles de interpretar, en particular cuando un determinado número de ellos se entremezcla en el aura. Un ejemplo sorprendente de ello es cuando un rojo oscuro y sucio se combina con el negro. El negro en el aura nunca es una buena señal, y mezclado con el rojo denota crueldad, odio y maldad. Cuando la gente «ve rojo» en realidad está «viendo» un rojo sucio y cenagoso con mucho negro en él. Esta energía negativa a veces se puede ver como un fuego virtual que rodea la cabeza de la persona. Con frecuencia, después de un ataque de esos, dicha persona sufrirá un fuerte dolor de cabeza.

El rojo sólo como color de estado de ánimo significa vitalidad y sentimientos extravertidos, positivos y felices. Asimismo puede denotar energía sexual.

El naranja denota sentimientos y emociones. Si el color es claro y de aspecto agradable, muestra ambición, una actitud positiva y un enfoque simpático hacia los demás. Un naranja sucio indica egoísmo y orgullo.

El amarillo siempre se ve como un aura de estado de ánimo cuando alguien se concentra y utiliza el cerebro. Leer, escribir, o cualquier otra actividad del cerebro izquierdo, crea un aura amarilla de estado de ánimo. ¡A los maestros de escuela les encantaría ver este color dentro de las auras de todos sus pupilos! El amarillo viene y se va con suma rapidez, lo que denota los cambios veloces que se producen en nuestros patrones de pensamiento.

El verde como un color de estado de ánimo puede indicar que se está gastando energía y que la persona necesita un buen reposo. Si toda el aura se impregna con el verde, la persona se vuelve distante y retraída. Se trata de una situación temporal que alivia un descanso suficiente. Un verde muy oscuro es signo de engaño y falta de honradez.

Cuando el verde y el azul aparecen juntos en un aura de estado de ánimo es señal de comprensión y percepción intuitivas.

El azul como color de estado de ánimo indica integridad, sensibilidad, pensamientos positivos y deseo de progresar. Un azul intenso denota espiritualidad e inspiración.

El índigo como color de estado de ánimo denota conciencia espiritual. La persona cuestiona cosas y cimenta una fe o filosofía personales.

El violeta como color de estado de ánimo revela a alguien confiado en su fe y que se está desarrollando espiritualmente. No es de sorprender que los obispos lleven túnicas púrpura para indicar su vocación espiritual. Por lo general, el violeta aparece alrededor de los extremos del aura de estado de ánimo y rara vez la ocupa toda.

El gris, como color de estado de ánimo, muestra a alguien que se siente aburrido o deprimido. Indica una falta temporal de imaginación y un enfoque convencional, no estimulante e incluso aburrido. El estrés también puede provocar la aparición de este color.

El rosa como color de estado de ánimo muestra que la persona es afectuosa, amable y gentil.

El plateado y el dorado rara vez se ven como colores de estado de ánimo. Cuando aparecen, muestran que la persona recibe ideas inspiradoras e intuitivas que deben analizarse con cuidado antes de llevarse a la práctica. En ocasiones pueden indicar que la persona ha recibido un destello súbito de brillantez.

El blanco aparece como color de estado de ánimo cuando la persona está experimentando impresiones intuitivas. Por ejemplo, un psíquico tendrá bastante blanco en su aura mientras recoge impresiones mediante la clarividencia.

El marrón en el aura de estado de ánimo denota a alguien que quiere dominar la situación, pero que le resulta difícil hacerlo debido a un exceso de negatividad. Pequeñas zonas de marrón indican a alguien que es pragmático, pero de actitud rígida. Se trata de un pensador cerrado que carece de deseo de aprender ideas nuevas o modos inéditos de hacer las cosas, y completamente independiente. La gente así puede ser muy aburrida para los demás, ya que sólo se halla interesada en sí misma y quiere hablar de su tema favorito casi hasta la extenuación.

El negro es muy negativo en cualquier momento, pero en particular cuando es el color del aura del estado de ánimo. Por lo general, está mezclado con otro color, y la naturaleza de su negatividad queda determinada por ese otro color. Por ejemplo, rojo y negro indican odio, crueldad y total malevolencia. Negro y amarillo indican pensamientos malignos. Negro y verde indican envidia, avaricia y traición.

Es difícil dar un significado exacto a todos los colores que veréis en el aura. Ello se debe a que nos expresamos de maneras diferentes. La codicia puede aparecer en el aura de una persona de un modo por completo distinto al que adopta en el de otra persona. Asimismo, cada color tiene una variedad casi infinita de matices y tonalidades[1]. La mejor manera de aprender es estar vigilantes y observar todas las auras que podáis en tantas situaciones diferentes como os sea posible.

---

[1] Según el British Colour Council, hay 1.400 tonalidades de azul, 1.375 de marrón, 1.000 de rojo, 820 de verde, 550 de naranja, 500 de gris, 360 de violeta y 12 de blanco. *The Aura and What It Means to You*, compilación de muchas autoridades sobre el tema, publicada por Health Research, Molelumne Hill, sin fecha, página 4.

7

Salud en el aura

UN AURA saludable resplandece de vida, salud y vitalidad. Proclama al mundo que la persona tiene una mente, un cuerpo y un espíritu saludables. Si algo va mal en esas áreas, se refleja en el aura.

Con la excepción de los accidentes, por lo general la mala salud es resultado de años de pensamiento negativo y, por supuesto, ello aparece en el aura mucho antes de que resulte aparente en el cuerpo físico. Los factores mental y emocional influyen constantemente en el aura, y crean salud o enfermedad, dependiendo de cómo lleve su vida la persona.

Una enfermedad potencial se percibe observando el tamaño, la forma, el aspecto, la textura y el color del aura. Todo esto se puede ver afectado por la irrupción de la enfermedad. A menudo aparecen en el aura bastante antes de que la persona sea consciente de cualquier problema. Las fotografías Kirlian de las hojas de las plantas muestran decoloración cuando sufren las primeras fases de una enfermedad viral, mucho antes de que puedan detectarse por cualquier otro medio[1].

La gente que ha estado padeciendo una mala salud crónica durante mucho tiempo tiene auras con una tonalidad marrón grisácea. El color básico y las radiaciones secundarias prácticamente desaparecen, pero vuelven cuando estas personas recuperan la salud. Este color también se ve en el aura, en especial alrededor de la cabeza, con el ataque de una migraña. En este caso parece ser muy gris y con una textura espesa.

Las drogas afectan de distintos modos al aura, cambiando sus sutiles vibraciones y haciendo que aparezca áspera y enferma. El abuso prolongado de sustancias puede causar alteraciones permanentes en el aura, revelando el daño que ha sufrido el cuerpo.

El daño en los músculos del cuerpo se muestra a través de lo que parecen ser agujeros en el aura. Estos agujeros desaparecen en cuanto el músculo recupera la salud.

Casi todas las condiciones de salud se detectan en un área con manchones e irregularidades en

---

[1] *ESP: The Sixth Sense*, de Brian Ward, MacDonald Educational Limited, Londres, 1980, página 60. Ideals Publishing Corporation, Milwaukee, publicó una edición americana.

el cuerpo etérico. Pueden convertirse en áreas sólidas de un marrón o negro feos si durante algún tiempo continúa el problema de salud. Al mismo tiempo, los rayos de energía que irradian a través del aura se vuelven débiles y apagados.

No es de extrañar que el cuerpo etérico se vea afectado de esta manera, ya que una de sus funciones es la de transmitir, recibir y almacenar las energías que constantemente nos rodean. Cuando esa energía se agota, frecuentemente se presenta la enfermedad. A veces se alude al cuerpo etérico como el aura de salud.

El dolor se revela en el aura de muchas maneras distintas. Junto a la zona afectada se ve lo que parece una pieza sólida de negro, por lo general en el cuerpo etérico. A menudo aparece como un manchón gris antes de que la persona se sienta mal. Por ejemplo, si alguien está a punto de padecer una severa gripe de pecho, un manchón gris aparecerá en la zona pectoral del aura. Una vez que la gripe se ha asentado, el gris se tornará más y más oscuro hasta que por último se vuelva negro.

El dolor se evidencia por un aura pequeña que da la impresión de estar cerrada en sí misma. Ello denota la falta de energía que tiene la persona. El grado de dolor lo indica lo extremo de esta reacción. Alguien que padece migrañas esporádicas experimentará un aura condensada y cerrada poco antes y durante el ataque de la migraña. Luego, tan pronto como haya pasado el dolor de cabeza, recuperará su tamaño normal.

Cualquiera que deba vivir con un dolor crónico tendrá un aura permanentemente encogida y los colores serán débiles y apagados. La zona que causa el dolor se verá por la negrura en el aura.

Conozco a una señora que ha sufrido de dolor constante en la boca durante unos veinte años. El dolor se halla localizado principalmente debajo de la lengua. Los médicos han sido incapaces de ayudarla. Es alérgica a los analgésicos y sólo experimenta alivio cuando se autohipnotiza. Su aura titila como si la energía no dejara de fluctuar. De hecho, el dolor parece llegar e irse en oleadas constantes, y su aura lo refleja. La negrura en el aura alrededor de la cabeza da la impresión de ser como un trozo de carbón.

El aura también se puede utilizar para sanar. Creo que la mayoría de los líderes espirituales y seductores emplean su aura, al menos hasta determinado punto, en el proceso de sanación. En nuestras manos existen grandes centros de energía, similares a los chakras, que pueden proporcionar energías de fuerza y sanación a la gente que lo necesita. En cierto sentido, estos sanadores están transmitiendo energía magnética a las personas que curan. La fotografía Kirlian ha demostrado el cambio de coloración y aspecto del aura del sanador cuando se halla entregado al proceso de sanación. Un investigador norteamericano informó que el aura de una sanadora espiritual llamada Ethel de Loach cambiaba en el momento en que comenzaba a utilizar sus poderes de sanación. Los torrentes azules de luz que rodeaban sus manos mientras descansaba se transformaban en un vívido resplandor naranja[2].

La sanación mediante las oraciones también emplea el aura. Al combinar el pensamiento con el sentimiento y la emoción, la persona que usa la plegaria es capaz de enviar vibraciones directamente desde su aura a la de la persona por la que reza.

En su libro *A Priest and the Paranormal*, Jack Wellman describe cómo no siempre necesita tocar a la persona cuando sana posando las manos, ya que es capaz de «tocar» el aura con las manos mientras reza. Describe el aura como poseedora de «elasticidad o porosidad». También afirma que las auras de la gente a menudo se expanden al final de la sanación[3]. El señor Wellman no siempre puede ver las auras, pero sí las siente mientras lleva a cabo su trabajo de sanación.

Muchos sanadores de auras trabajan de forma similar, enviando pensamientos sanadores directamente hacia las auras de sus pacientes. También

---

[2] *ESP: The Sixth Sense*, de Brian Ward, página 59.

[3] *A Priest and the Paranormal*, de Jack Dover Wellman, Churchman Publishing Ltd., Worthing, 1988, páginas 166 y 167.

se concentran en colores específicos para que incrementen sus propias auras, y luego los transfieren a sus pacientes. Todo el proceso es mental y espiritual.

En 1915, Swami Panchadasi publicó su libro *The Human Aura*[4]. En él nos da un ejemplo de esta forma de sanación de auras. «Un paciente nervioso y trastornado puede ser tratado bañándolo mentalmente con un torrente de color áurico violeta o lavanda; mientras que una persona cansada, exhausta y fatigada puede ser revitalizada inundándola con rojos brillantes, seguidos de amarillos intensos y exuberantes, para finalizar el tratamiento con un flujo constante de un naranja cálido.» El proceso se concluye visualizando una Gran Luz Blanca. «Esto dejará al paciente en un estado de mente y alma inspirado, exaltado e iluminado, lo cual le será de gran ayuda y, asimismo, tendrá el efecto de revitalizar con energía cósmica al sanador»[5].

Los pacientes también son frecuentemente instruidos en la respiración de color. Visualizan los que les faltan e inhalan hondo esos colores, a ser

---

[4] *The Human Aura*, de Swami Panchadasi, Yoga Publication Society, Chicago, 1915.

[5] *The Human Aura*, de Swami Panchadasi. También citado en *Color Psychology and Color Therapy*, de Faber Birren, Citadel Press, Secaucus, 1950. Edición revisada, 1961, páginas 46-47.

posible al aire libre y bajo la luz del sol. Por ejemplo, a la gente anémica se le dirá que visualice el rojo mientras realiza sus ejercicios de colores.

Lo mejor en la respiración de color es empezar relajándose en una postura cómoda y respirar hondo varias veces. Cerrad los ojos y luego inhalad el color que deseéis. Visualizad la zona que necesita sanación, y ved que recupera su buena salud. Exhalad despacio mientras os concentráis en ese pensamiento. Repetidlo dos o tres veces más. Hacedlo varias veces al día hasta que alcancéis los resultados deseados.

Los rosacruces tienen un método de sanación por el color que yo puedo avalar por mi propia experiencia. Si alguien está experimentando problemas emocionales, sencillamente imaginad a esa persona rodeada de un escudo protector de un rosa puro, y enviadle ese pensamiento con amor. Cuando alguien se siente drenado físicamente, haced lo mismo, pero visualizad a la persona rodeada de un naranja vibrante y brillante[6]. Una amiga mía cayó en una profunda depresión cuando de repente su pareja se marchó sin previa advertencia. Durante varias semanas la visualicé rodeada de un aura sanadora de color rosa, y observé cómo empezaba a salir de la depresión y comenzar una nueva vida.

---

[6] *The Ancient Art of Color Therapy*, de Linda A. Clark, The Devin-Adair Company, Old Greenwich, 1975, página 120.

¿Cómo puede funcionar la sanación por el color? Como sabéis, cada parte del cuerpo está controlada por un color distinto y cada color tiene una vibración diferente. Si parte del cuerpo no está bien, una infusión del color correcto que vibre al mismo ritmo que el órgano enfermo ayudará a efectuar una cura.

La sanación por el color utiliza los colores del arco iris para ayudar a restaurar el equilibrio y la armonía en el aura. La luz del sol, desde luego, ha sido usada desde tiempos inmemoriales con fines sanadores. Ésa es la luz blanca. El sanador por el color emplea la luz y el color juntos para aportar un color que está ausente en el aura o para proporcionar el color complementario si alguien sufre de un exceso de un color determinado. Los colores complementarios son:

```
   Rojo – Azul
Naranja – Violeta
Amarillo – Violeta
  Verde – Magenta
   Azul – Rojo
 Índigo – Naranja
Violeta – Amarillo
```

El verde es el color natural de la sanación. Es apacible y tranquilizador, pero también incrementa la vitalidad y refuerza el sistema nervioso. Está considerado el color más agradable para el ojo humano. En consecuencia, es el que se usa con más frecuencia en la sanación por el color. Sin embargo, el resto de colores también tiene su uso.

■ Alimentos y bebidas

Los colores ausentes, o presentes en poca cantidad, en el aura pueden potenciarse mediante la ingesta de alimentos del color adecuado. En Oriente, el cocinero normalmente intenta aportar los colores de los primeros cuatro chakras mientras prepara una comida de presentación atractiva y fácil de digerir[7].

Los alimentos rojos incluyen la carne, la remolacha, los pimientos, las uvas y todas las frutas de piel roja.

Los alimentos naranjas incluyen naranjas, zanahorias, calabazas, maíz dulce y albaricoques.

Los alimentos amarillos incluyen mantequilla, yemas de huevos, pomelos, melones y frutas y verduras de piel amarilla.

Los alimentos verdes incluyen verduras y frutas verdes.

Los alimentos azules incluyen arándanos y ciruelas. (A propósito, el azul es un supresor natural del apetito.)

---

[7] *Color and Crystals*, de Joy Gardner, The Crossing Press, Freedom, 1988, página 136.

Los alimentos índigo incluyen uvas, ciruelas, arándanos y moras.

Los alimentos violeta incluyen berenjenas, uvas, moras y brécol púrpura.

También se puede «cargar» el agua con el color que se necesite. Para ello, sólo hay que poner el agua en un recipiente de cristal del color correcto y dejarlo en una ventana, o en cualquier parte en que quede expuesto a la luz, durante cuatro horas. Esa agua durará dos semanas si la guardáis en el refrigerador. Si no se dispone de un recipiente del color adecuado, colocad una lámina de cristal coloreado entre el recipiente y la fuente de luz. El agua cargada se puede usar interna o externamente.

■ Música

La música puede ser muy sosegadora para el aura. Para ello, la mejor es una música lenta y tranquila. La ideal es la barroca y la de meditación. El aura responde a ese tipo de música y se expande a medida que gana energía. La música fuerte y disonante tiene el efecto opuesto.

Cada nota de música está relacionada con un color y, asimismo, tiene un efecto sobre el aura. Paracelso, el famoso ocultista del siglo dieciséis, practicaba la sanación musical y prescribía composiciones específicas para determinados desórdenes[8]. Creía que el cuerpo estaba compuesto de dos sustancias, una visible y la otra invisible. Consideraba que podía sanar a la gente enferma mediante una rearmonización de esas dos sustancias al hacer que entrara en contacto con personas sanas.

Cada color desempeña una parte en la sanación por el color. El color se puede aplicar de muchas maneras, desde la visualización, a rayos de luz, a una bebida o incluso hasta una gema del color adecuado.

Rojo

El rojo estimula y excita. En consecuencia, jamás debería usarse solo, y por regla general va seguido del azul o el verde. El rojo libera adrenalina, estimula la circulación de la sangre y restaura la vitalidad perdida. En pruebas de laboratorio se descubrió que la gente puede incrementar la potencia de sus músculos en un cincuenta por ciento mientras se halla bajo una luz roja saturada, en comparación con la fuerza que posee mientras se encuentra bajo un color más tranquilo[9].

---

[8] *Colour Healing*, de Mary Anderson, The Aquarian Press, Wellingborough, 1975. Segunda edición revisada, 1979, página 73.

[9] *Color and Personality*, de Audrey Kargere, Philosophical Library, Inc., Nueva York, 1949. Reeditado por Samuel Weiser, Inc., York Beach, 1979, página 64.

Naranja

El naranja es un color estimulante y revitalizante que crea una sensación de satisfacción y bienestar. Fortalece el páncreas, el bazo y los pulmones. Por ello, ayuda a mitigar la bronquitis, el asma y la gripe y los resfriados.

Amarillo

El amarillo es un color alegre, mentalmente estimulante, que eleva el humor y puede mitigar la depresión. Actúa principalmente sobre el sistema nervioso, pero también da un buen tono muscular y vitalidad general. Se puede emplear para el estreñimiento, la flatulencia, la dispepsia y las palpitaciones del corazón. Sin embargo, ha de emplearse con cuidado, ya que un exceso de amarillo es capaz de producir diarrea. También ayuda a difundir las energías a todos los chakras.

Verde

El verde, al ser el color de la armonía y la sanación, es un tónico natural. Alivia el estrés y la tensión y estimula la glándula pituitaria. Una luz verde suave puede ayudar a mitigar los dolores de cabeza. Siempre se le ha considerado un color de fertilidad.

Azul

El azul posee propiedades antisépticas y astringentes. Es tranquilo y apacible y, gracias a su efecto de frescor, resulta de utilidad en cualquier condición de inflamación o febril. Como controla el chakra de la garganta, es muy útil para los resfriados, la irritación de garganta y el bocio. Asimismo, es útil para los cortes, las erosiones, las quemaduras y el reumatismo.

Índigo

El índigo tiene propiedades refrescantes. Funciona en el plano físico, emocional y espiritual. Reduce la hemorragia, y con frecuencia es utilizado para los problemas de oídos, ojos y nariz.

Violeta

El violeta funciona a los más altos niveles y es de mucha utilidad para el estrés y la tensión. Va bien para curar el insomnio, los problemas oculares y los desórdenes mentales.

Aparte de los colores, el paciente ha de mantener una actitud positiva. Como bien sabéis, nuestros estados de ánimo se reflejan en el aura, y los pensamientos y sentimientos positivos tienen un efecto beneficioso sobre nuestra salud. Los pensamientos y los sentimientos negativos surten el efecto opuesto.

■ Protección del aura

Hay un procedimiento sencillo a seguir si sentís que vuestras energías áuricas se están agotando[10]. Esto puede ser causado por muchas cosas, desde el estrés, el exceso de trabajo y la mala salud hasta que otra persona esté vaciándoos de energía. Siempre que tengáis la necesidad de protegeros, sencillamente haced círculos con los dedos pulgar e índice y entrelazadlos (figura 7.1). Imaginaos rodeados y protegidos por una luz blanca pura. En cuestión de momentos os sentiréis revitalizados. Es mejor tratar la causa que el resultado, pero a veces no queda otra alternativa. Si vuestra pareja o vuestro jefe son los que os provocan esa extenuación, deberíais emplear esta forma de protección a diario, quizá incluso varias veces al día.

Podéis evitar un estrés perjudicial imaginándoos envueltos en un arco iris hermoso

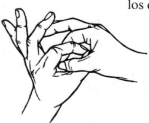

FIGURA 7.1.
Procedimiento de protección del aura.

---

[10] *Psychic Empowerment for Health and Fitness*, del doctor Joe H. Slate, Llewellyn Publications, St. Paul, 1996, páginas 51-52.

que gira alrededor de vuestro cuerpo
beza hasta los pies. Este arco iris re
quier tensión, os dará energía y tar
más abiertos y populares[11].

Otro método sencillo es imaginaros rodeados por una luz blanca pura. Se la conoce como aura protectora. Sin importar cuál sea el estrés o la tensión, la luz blanca lo rechazará, dejándoos sosegados y relajados. Esa luz blanca es una forma de «armadura espiritual» que se puede emplear en cualquier momento que sintáis la necesidad de una protección psíquica[12].

Por supuesto, la prevención es mejor que la cura. Si veis cualquier indicio de mala salud en vuestra aura, dad los pasos necesarios para corregir el problema. Cercioraos de que hay amor en vuestra vida. Existen pruebas convincentes de que la gente mayor que vive sola, pero que tiene una mascota a la que amar y cuidar, vive más que la gente que no la tiene. Prestadle atención al tono físico. Evitad el estrés perjudicial. Cercioraos de que dormís las horas suficientes, y tomaos unas vacaciones de vez en cuando. Divertíos. A menudo los adultos se toman la vida con demasiada se-

---

[11] *The Ancient Art of Color Therapy*, de Linda A. Clark, página 121.
[12] *Color and Music in the New Age*, de Corinne Heline, página 44.

riedad. Esporádicamente haced algo extravagante o tonto sólo por amor a ello.

Si cuidáis vuestro cuerpo, éste os cuidará a vosotros, y los resultados beneficiosos se verán con claridad en el aura.

8

La autosuperación y el aura

CON SUERTE, todos progresamos a medida que nos abrimos paso en esta encarnación. Para la mayoría de nosotros, esta progresión se realiza de un modo más bien fortuito. Para mucha gente la motivación para obtener una mayor educación parece desaparecer en cuanto abandona el colegio o la universidad. Lo mismo se aplica al tono corporal. Las personas que en su juventud han sobresalido en actividades deportivas con frecuencia se convierten en patatas de sillón, que observan el entrenamiento de otros atletas, y fracasan en mantenerse a sí mismas en buena forma. De vez en cuando una «patata de sillón» se motivará para hacer ejercicio y recuperar la forma perdida. Los antiguos estudiantes a veces continúan con su educación, pero, lamentablemente, estas transformaciones suceden con poca frecuencia.

Éstas son las áreas obvias, por supuesto, y en general esta gente sabe que debería estar haciendo algo que fuera mental o físicamente estimulante.

No resulta tan fácil descubrir la necesidad de desarrollarse en otros campos de la vida. Puede que sintamos una vaga sensación de que no estamos haciendo todo lo que podríamos, o deberíamos, con nuestras vidas, pero casi todos intentaremos ignorar esa sensación de incomodidad que tenemos en nuestro interior.

Por suerte, mediante la observación de nuestras auras, es una cuestión relativamente sencilla decidir qué deberíamos estar haciendo y cuál debería ser nuestro rumbo.

Empezamos mirando el color básico. ¿Es vibrante y está radiantemente vivo, o está apagado y retraído? ¿Sale al mundo con un aspecto de optimismo y entusiasmo? ¿O quizá se retrae a medida que nos ocultamos de la vida?

Hacerlo puede resultar una experiencia depuradora. En un momento de mi vida, cuando mis hijos eran jóvenes, yo tenía tres trabajos para que cuadrara el presupuesto. Ello significaba que pasaba muy poco tiempo en casa con mi familia, pero las facturas se pagaban y disponíamos de un poco de dinero en el banco para posibles emergencias.

Una noche noté que el aura alrededor de un compañero de trabajo era muy apagada. Cuando se lo mencioné, me dijo que siempre se sentía extenuado y que no sabía cuánto más podría resistir su trabajo a tiempo parcial. Como aquella noche yo mismo me sentía muy cansado, de inmediato observé mi propia aura y quedé horrorizado al descubrir que tenía una tonalidad grisácea y sólo mostraba la mitad de su tamaño normal. Mi aura me decía que me estaba pasando y que ya era hora de hacer cambios en mi vida.

Era algo sencillo para mí comprobar mi aura, pero lo había descuidado hasta que casi fue demasiado tarde. Tengo la convicción de que si hubiera continuado con los tres trabajos mi salud se habría visto afectada. No hace falta decir que desde aquella experiencia he comprobado mi aura con frecuencia.

Asimismo, es necesario comprobar el cromatismo del color básico. Nuestras emociones afectan todo el tiempo a las auras. Quizá no importe mucho si el color básico queda de vez en cuando impregnado por una tonalidad verde sucia cuando envidiamos el éxito de alguien. Sin embargo, debemos aprender a manejar esta emoción destructiva si averiguamos que el verde envidioso está ahí la mayor parte del tiempo.

ROJO

Si tenéis el rojo como color básico, deberíais ser ambiciosos, decididos, sociables y optimistas. Si os sentís indiferentes, apáticos e introvertidos, no estáis haciendo lo que deberíais hacer. (Recordad que vuestro color básico revela lo que deberíais estar haciendo con vuestra vida.) Podría haber muchos motivos para ello. Quizá os hayáis agotado al no permitiros tiempo suficiente para descansar y relajaros. Tal vez hagáis un trabajo para el que no estáis predispuestos o con el que no disfrutéis. Acaso las relaciones no funcionan tan bien como deberían. Si os resulta difícil averiguar cuál es el problema, usad un péndulo para encontrar la respuesta. Formuladle al péndulo preguntas que se puedan responder con un «sí» o un «no». «¿Soy feliz en mi trabajo?» «¿Progresa mi relación?» Tal vez os sorprendan las respuestas que recibáis. Haced preguntas hasta que descubráis el campo o los campos que os causan problemas.

Si vuestro color básico rojo no es como debería ser, hay varias cosas que podéis hacer para devolverle su forma natural y vibrante.

Podéis incrementar el ejercicio físico. Empezad con caminatas. Os dará tiempo para pensar y, al mismo tiempo, os beneficiará físicamente. Deberán durar un mínimo de veinte minutos, aunque lo preferible es que sean cuarenta.

Quizá podáis iniciar algún tipo de deporte competitivo. Al rojo le encanta competir. Pero recordad que no siempre es necesario ganar. Con el rojo como color básico, vuestra posición natural está en lo más alto. Si tenéis un fuerte deseo de ser los primeros en todo lo que emprendéis, tal vez os resulte mejor elegir alguna actividad física no competitiva, ya que el objetivo del ejercicio es alcanzar una buena forma física antes que ganar medallas de oro. Sin embargo, si vuestra meta en la vida es competir en los Juegos Olímpicos, haced caso omiso de esto y pasad al siguiente párrafo.

Podéis estableceros algunos objetivos ambiciosos. El rojo es un color ambicioso y de éxito. Elegid algo que de verdad merezca la pena, algo que os estimule, de lo que estéis orgullosos de alcanzar. Al lograr el éxito y el reconocimiento, vuestro color rojo básico se expandirá y crecerá.

Deberíais tratar con gente de mente positiva y de éxito que os estimule y aliente. Tenéis que evitar a las personas de mente estrecha y negativas que intentarán frenaros de vuestras metas.

NARANJA

Con un color básico naranja deberíais tener buen carácter, y ser personas cooperadoras, amables y cariñosas. Si os sentís confusos, frustrados o incapaces de expresaros del modo que deseáis, hay unas cuantas cosas que podéis hacer para potenciar y expandir vuestra aura.

Necesitáis sentir que estáis haciendo algo productivo y útil. Mirad a vuestro alrededor y ved qué podríais hacer que os permita ser de utilidad. Una mujer a la que conozco se dedicó a comprobar que los suministros de su oficina eran siempre los adecuados. Con anterioridad, la gente no dejaba de quejarse de la falta de bolígrafos, cartuchos para impresora, chinchetas, etc. No recibió ningún reconocimiento ni agradecimiento por ocuparse de esa tarea, pero disfrutó de una silenciosa sensación de satisfacción por realizar algo útil.

Deberíais aceptaros como sois, y sentir satisfacción por cuidar y ocuparos de otros. Vuestra máxima satisfacción llegará cuando os sintáis emocionalmente realizados. Deberíais tratar con gente afín, compasiva, intuitiva y humanitaria.

Quizá os sintáis demasiado sensibles y deis la impresión de timidez y titubeo. Si ése es el caso, tenéis que aprender a canalizar esa sensibilidad hacia campos humanitarios y desarrollar vuestros talentos trabajando con otros. A medida que vuestra sensibilidad es canalizada a otras áreas, vuestra confianza y satisfacción en la vida crecerán.

AMARILLO

Con el amarillo como color básico deberíais estar llevándoos bien con los demás y ser adeptos a expresaros de algún modo, a ser posible de forma creativa. Deberíais motivar a los demás con vuestra alegría y capacidad para cautivar. Si creéis que no es éste el caso, hay bastantes áreas en las que podéis trabajar.

Deberíais acentuar el expresaros más con otros. Vuestros dones de expresión verbal pueden ayudar a los demás, ya que poseéis la capacidad de iluminar y reunir. Deberíais emplear la voz de algún modo en vuestra vida laboral. Un puesto de jefe no es para vosotros. Seríais más felices como maestros, vendedores, consultores, consejeros o cualquier otra posición donde empleéis la voz.

Bajo ese exterior brillante y alegre quizá os sintáis muy sensibles. Trabajad para desarrollar una piel más dura, y usad el sentido del humor para desviar cualquier ataque.

Debéis evitar un enfoque vital frívolo e indiferente. Con el amarillo como color básico os volvéis tan entusiastas con cosas tan diferentes que a menudo a los demás les resulta difícil mantener vuestro ritmo. Es probable que os consideren diletantes y no se tomen en serio ninguna de vuestras ideas. Si tenéis dificultades en este campo, podéis eliminarlas acometiendo un trabajo mentalmente estimulante o un proyecto creativo hasta su compleción.

Tenéis un buen cerebro y lo usáis bien, pero tal vez creáis que no estáis haciendo tanto como podríais con vuestra vida. Si así fuera, elegid un tema que os interese y decidid convertíos en expertos en él. Hace años, oí a un conferenciante decir que si dedicabas una hora cada noche a estudiar un tema que te interesara, serías experto en ese tema antes de un año. Elegid uno que esté a la altura de vuestra capacidad y llegad tan lejos como podáis.

VERDE

Si tenéis el verde como color básico, deberíais ser humanistas compasivos y benevolentes. Es posible que disfrutéis ayudando a los demás. También deberíais ser estables, escrupulosos y responsables. Si no estáis haciendo estas cosas, ello se verá reflejado en el aspecto de vuestras auras.

Podéis potenciar el aspecto del aura buscando de forma activa ayudar a los demás. Lo podéis hacer de forma suave, como realizar la compra de un vecino enfermo. Y también se puede lograr de forma más intensa, como asumir la responsabilidad de una organización humanitaria, o quizá enmendando algo en vuestra comunidad que consideréis que está mal.

Tal vez os sintáis encerrados y frenados. Puede resultar muy frustrante, ya que allí donde vayáis hay más y más limitaciones. Miraos y comprobad si no estáis siendo demasiado rígidos y obstinados. Quizá necesitéis iluminaros y relajaros más. Aceptad que todos tenemos restricciones y limitaciones, y trabajad con ellas.

Descubriréis que es de gran ayuda trabajar en un programa de autodesarrollo, aceptar nuevos retos y potenciaros de algún modo.

Si os sentís aburridos y frenados, deberíais pasar algún tiempo con gente compasiva y comprensiva que os abrirá la mente a nuevos desafíos y oportunidades.

Tenéis la capacidad de trabajar duro y mucho para alcanzar vuestras metas. Poseéis persistencia y determinación. Emplead estos atributos y lograd algo que valga la pena.

AZUL

Con el azul como color básico deberíais ser aventureros, entusiastas, creativos, imaginativos y perceptivos. Deberíais sentiros siempre jóvenes, con oportunidades allí donde miréis. Necesitáis ser mentalmente estimulados y gozáis conociendo a personas de todo tipo de culturas.

A algunos azules les cuesta relajarse y tienen que aprender a tomarse tiempo para ello y recuperarse. Si os resulta difícil relajaros, podéis llegar a experimentar estrés emocional. No se encuentra a mucha gente que use el azul básico de forma negativa.

Sin embargo, hay una cierta tendencia a asumir demasiadas actividades. Cuando sucede eso, dispersan sus energías sobre una extensión demasiado amplia. Esta gente necesita aprender a concentrarse en un puñado de proyectos y a finalizarlos antes de pasar a otros nuevos.

Puede que os sintáis impacientes e inquietos. Ello puede dificultaros acabar una tarea antes de pasar a la siguiente.

Si sentís que vuestro avance es errático o que muy a menudo sois demasiado autoindulgentes, volved la vista atrás y ved cuánto habéis conseguido ya con los maravillosos dones que habéis recibido. Si usáis estos dones de forma inteligente, tenéis la oportunidad de realizar grandes progresos en cualquier campo que os interese.

ÍNDIGO

La persona que tiene el índigo como color básico por lo general es responsable, de confianza y compasiva. Otras personas se sienten atraídas hacia ella porque perciben sus cualidades humanitarias.

Si no estáis manifestando los atributos positivos del índigo en vuestro color básico, es probable que necesitéis aprender a confiar en los demás y a seguir más vuestros sentimientos. Éstos os ayudarán a sintonizar mejor tanto con vosotros mismos como con los demás.

La gente con el índigo por lo general necesita disponer de tiempo para jugar y relajarse. A veces puede sumergirse demasiado en la ayuda a los demás y no logra percibir cuándo ha llegado el momento de parar y relajarse.

Quizá veáis que sois demasiado críticos con vosotros y los demás. Tal vez esperéis la perfección. Si es así, tendréis que aprender a relajaros y a daros cuenta de que no sois responsables de todo. Olvidad algunas de las cosas menos importantes y usad el tiempo que ganéis para actividades creativas y para pasar un rato de calidad con los amigos y los seres queridos.

VIOLETA

La gente con el violeta como color básico es sensible, espiritual e intuitiva. Es sensible a las necesidades de los demás y anima y cuida a otros de un modo sosegado y reservado. Su fuerte fe los apoya y sustenta en tiempos difíciles. Confían en sí mismos, y a menudo les cuesta solicitar la ayuda de otros.

Si no estáis reflejando los rasgos positivos del violeta como color básico, vuestra aura aparecerá laxa y apagada, y estará pegada a vuestro cuerpo. Por suerte, no resulta difícil devolverle toda su gloria.

Si consideráis que otras personas son insensibles a vuestros sentimientos, trabajad para expresaros con mayor claridad. A mucha gente con el violeta como color básico le cuesta expresar sus sentimientos más íntimos y se contiene.

Algunas personas con el violeta como su color básico son excesivamente introspectivas y les es duro relacionarse con los demás. Si creéis que esto os describe, sed conscientes de que tenéis mucho que ofrecer. Cuando os contenéis y no os comunicáis, estáis privando a otros, al igual que a vosotros mismos.

Tal vez os cueste congeniar con otros. Quizá preferiráis hacer las cosas a vuestra manera y no estáis preparados para tratar otros enfoques. Vuestro enfoque único funciona a la perfección para vosotros, aunque acaso no sea adecuado para otros. Sed conscientes de las necesidades de los demás e intentad ser más adaptables.

PLATEADO

La gente con el plateado como color básico es idealista, inspiradora e intuitiva. Es honorable, sincera y de confianza. Cree en sí misma y siempre consigue encontrar lo mejor en otras personas.

Si no estáis expresando las características positivas de este color básico, vuestra aura aparecerá apagada, gris y sin vida. Podéis potenciar la calidad de vuestra aura de muchas maneras.

Sed más conscientes de vuestros propios dones y atributos especiales. Desarrollad la autoestima. Confiad en vuestra intuición. Quizá necesitéis empujaros un poco más. Estáis llenos de grandes ideas, pero a veces os resulta difícil llevarlas a la práctica. Seguid teniendo los grandes sueños, pero completad el ejercicio estableciéndoos metas constructivas, realizando planes de acción y, por último, haciendo que cobren vida. Al hacerlo, os sorprenderá la calidad de vuestra aura.

Puede que sufráis de tensión nerviosa. Ello tal vez dificulte que otras personas se acerquen a vosotros. Os resultará beneficioso aprender a relajaros mediante la meditación, el yoga o la autohipnosis.

DORADO

Si tenéis el dorado como color básico, deberíais ser idealistas, responsables, extremadamente capaces y con éxito. Tenéis ideales y objetivos elevados, y podéis hacer que acontezcan. Sois líderes naturales, ya que sois capaces de inspirar a otros con vuestro carisma y energía.

Es raro encontrar una persona negativa con este color como el básico. Sin embargo, si vuestros sueños se han roto, tal vez os veáis temporalmente buscando un refugio tranquilo mientras recuperáis energías y os preparáis para empezar de nuevo. Cuando las cosas no salen como preveíais, podéis ser vuestro peor enemigo. Esperáis mucho más de vosotros mismos que de los demás, y podéis resultar muy duros con vosotros. Aceptad que todo el mundo comete errores, incluso vosotros, y que éstos no tienen importancia mientras aprendamos de ellos. Tomaos el tiempo que haga falta para recuperaros, luego realizad más planes grandiosos antes de intentar alcanzar las estrellas una vez más.

ROSA

Con el rosa como color básico deberíais ser afectuosos, cariñosos y compasivos. No obstante, a pesar de este aspecto amable, también estáis preparados para defender vuestras creencias y exponer vuestro punto de vista. Sois las personas más felices cuando gozáis de libertad para ser vosotros mismos y tenéis tiempo para amar y cuidar a la gente que os preocupa.

Si no estáis expresando las características positivas de vuestro color básico, el rosa aparecerá desvaído y vacío.

Si os sentís dependientes de otros, dad pasos para afirmar vuestra independencia. Dedicaos a una afición nueva o a algo que os interese. Salid de vuestra zona de comodidad y realizad algo que siempre hayáis querido hacer. Vuestros amigos y familia quizá se sorprendan, pero os darán su apoyo en cuanto les contéis exactamente por qué lo estáis haciendo.

Si os sentís abrumados por las responsabilidades y la gente intenta cargaros los hombros con sus problemas, considerad que se trata de una buena oportunidad para delegar en otros. Éste, asimismo, es un momento excelente para aprender por fin a decir «no». Os cuesta rechazar a otras personas. Reconoced que tenéis necesidades personales que también deben ser satisfechas.

Algunas personas con el rosa como color básico son tímidas y les asusta correr riesgos. Si esto se aplica a vosotros, tendréis que dar los pasos necesarios para desarrollar vuestra confianza y aprender a expresaros de forma cómoda.

BRONCE

Si tenéis el bronce como color básico, sois amables, compasivos, entusiastas y decididos de una manera sosegada. Os sentís muy felices cuando ayudáis a otros, pero a menudo lo hacéis de un modo silencioso, casi distante, ya que necesitáis ser emocionalmente independientes.

La mayoría de la gente con este color es positiva y feliz. Sin embargo, es posible que os sintáis disconformes cuando consideréis que los demás os dan por garante. Cuando seáis conscientes de ello, retiraos un poco y conseguid tiempo para hacer algo por vosotros.

A veces quizá subestimáis vuestras capacidades y ponéis a otros por delante. Si creéis que éste es el caso, dad pasos para desarrollar vuestra confianza y autoestima. Acaso os resulte útil seguir un curso de locución pública o un entrenamiento de afirmación.

Os sentís heridos con facilidad. Sois sensibles y compasivos y os puede resultar duro cuando otra gente se aprovecha de vuestra buena naturaleza. Debéis aprender a ser altruistas, de forma que el dar se lleve a cabo sin ningún pensamiento de recibir algo a cambio. Es una lección difícil de aprender, pero la recompensa final puede ser increíble.

BLANCO

Con el blanco como color básico, sois puros, individualistas, creativos y tenéis una poderosa necesidad de tiempo para vosotros mismos con el fin de crecer en inteligencia y sabiduría.

Cuando no expreséis las características positivas de este color básico, vuestra aura aparecerá moteada, como si tuviera agujeros. También se condensará y se pegará al cuerpo.

Si en ocasiones os sentís solos, depende de vosotros salir y hacer amigos. Pero para ello primero tenéis que ofreceros vosotros como amigos. No hace falta que entreguéis vuestra individualidad para disfrutar de amigos. Podéis repartir el tiempo para mantener vuestros necesarios periodos de soledad y silencio.

Algunas personas con el blanco como color básico son egocéntricas y sólo piensan en sus propias necesidades. No sorprende que se sientan aisladas y solas. Estas personas han de cobrar consciencia de las necesidades de los demás y aprender a ayudar a otros.

Puede que necesitéis aprender cómo usar de forma constructiva vuestro tiempo. Disfrutáis con ideas y conceptos nuevos y anheláis tener tiempo para trabajar en ellos. Si podéis, simplificad vuestro estilo de vida para disponer de la libertad necesaria para explorar y desarrollar esas ideas.

■ Los chakras

No resulta fácil ver los chakras en vuestra propia aura. Podréis conseguirlo si sois lo suficientemente afortunados como para ser capaces de ver vuestra aura con claridad en un espejo. Pero la mayoría debe determinar el bienestar de sus chakras de otras formas. Para mucha gente, sentirlas resulta un buen método. O tal vez un amigo podría observar vuestros chakras y aconsejaros.

Método del péndulo

Con el método del péndulo tenéis que sentaros solos y hacerle preguntas al péndulo sobre cada chakra. Empezad con el chakra raíz y subid hasta llegar al chakra corona.

«¿Está sano mi chakra raíz?» es la primera pregunta que debéis formularle. Si la respuesta es positiva, entonces podéis proseguir con las preguntas relacionadas con la automejora. Si la contestación es negativa, podéis hacer preguntas sobre cómo devolverle la buena salud a este chakra. Asumiremos que el péndulo dio una respuesta negativa a la primera pregunta.

«¿Está sobreestimulado mi chakra raíz?», preguntáis luego. Si la contestación es positiva, podéis dar los pasos necesarios para reducir el exceso de actividad.

Si recibís una respuesta negativa a esta pregunta, continuad y preguntad si el chakra padece falta de estímulo. Una vez más, si esta contestación es positiva, podéis hacer algo para restaurar el equilibrio.

Formulad las mismas preguntas sobre todos los chakras. Cuando hayáis terminado, entonces podréis dar los pasos necesarios para devolverles el equilibrio a vuestros chakras.

Método de meditación

Otro método es mediante la meditación. Sentaos en silencio en algún lugar cómodo donde nadie os distraiga. A menudo yo lo hago bajo mi Árbol Oracular[1].

---

[1] *Omens, Oghams & Oracles*, de Richard Webster, Llewellyn Publications, St. Paul, 1995, páginas 39-41. Un árbol

Un árbol oracular es, sencillamente, un árbol que os atrae y se convierte en vuestro amigo. Es muy positivo para vuestro cuerpo y alma pasar tiempo sentados bajo vuestro árbol oracular personal. Uno no lo elige. Él nos encuentra. Tenéis el deber de cuidar la tierra que rodea a vuestro árbol oracular, y a cambio éste os dará comodidad y apoyo.

Cuando estoy bajo techo, elijo una silla confortable y desconecto el teléfono mientras dure la meditación.

Después de pasar por un ejercicio de relajación progresiva imagino cada chakra por turno, sintiéndolos mentalmente en mi cuerpo. Luego me hago las mismas preguntas que le formulo al péndulo y mi cuerpo responde.

La ventaja que tiene este método sobre el péndulo es que puedo enviar mensajes mentales a cualquier chakra, pidiéndole que se acelere y se vuelva más activo, o, a la inversa, que frene y recupere el equilibrio.

---

oracular es una idea celta. Se encuentra un árbol que se relacione bien con vosotros abrazando a diferentes especímenes hasta que encontréis uno que responda a vuestro contacto. Bajo ese árbol podéis meditar, realizar adivinaciones y sintonizar con vosotros mismos y con todo el universo. Al aceptar al árbol como vuestro oráculo también aceptáis la responsabilidad de cuidarlo junto con su entorno inmediato.

Método de la música

La música puede tranquilizarnos y restaurarnos con sus placenteras armonías y melodías. La música adecuada es recuperadora, nos devuelve la energía y vitalidad y aumenta nuestro disfrute de la vida. Por supuesto, el tipo equivocado de música puede ser dañino y llenarnos de ira y furia. Hal A. Lingerman, en su libro *The Healing Energies of Music*, escribió que la música destructiva puede «afectar a la totalidad de nuestra aura, haciendo que nos sintamos psíquicamente desgarrados, fragmentados, asustados, combativos, aislados, tensos y sin objetivos»[2]. Siempre se ha usado la música para incitar a la gente a entrar en acción. Sólo imaginad el poder que debieron tener los tambores —y que aún poseen— para los norteamericanos nativos.

La música que para mí sea apacible no necesariamente debe surtir el mismo efecto sobre vosotros. La música que inspira puede restauraros y vigorizaros el alma. Jamás olvidaré cuando salí a la calle después de oír por primera vez la *Novena Sinfonía* de Beethoven. Me sentía inspirado, elevado y en sintonía con el infinito. La música puede ser de extrema utilidad en la restauración del equilibrio de los chakras.

---

[2] *The Healing Energies of Music*, de Hal A. Lingerman, The Theosophical Publishing House, Wheaton, 1983, página 60.

La próxima vez que escuchéis música, relajaos cómodamente, cerrad los ojos y preguntaos en qué parte de vuestro cuerpo sentís la música. Es factible que sea en uno de los chakras. Ello es un indicio de que ese chakra en particular está siendo afectado por la música, que armoniza vuestro cuerpo y le devuelve su equilibrio.

Por regla general, los diferentes instrumentos surten un efecto diferente en cada parte del cuerpo.

El Cuerpo Físico se ve afectado por los instrumentos metálicos de viento y los de percusión.

El Cuerpo Emocional es afectado por los instrumentos de viento de madera y los de cuerda.

El Cuerpo Mental es estimulado por los instrumentos de cuerda.

El Cuerpo Espiritual es afectado por las arpas, los órganos y las campanas de viento [3].

El doctor John Diamond, en su libro *Your Body Doesn't Lie*, escribe: «Rodeado de los sonidos adecuados, todos podemos recibir vigor, energía y equilibrio.» También afirma que la música puede ayudar «a prevenir enfermedades en el nivel prefísico de desequilibrio de energía [4]».

---

[3] *The Healing Energies of Music*, de Hal A. Lingerman, página 14.

[4] *Your Body Doesn't Lie*, de John Diamond, Warner Books, Nueva York, 1980, página 98. Publicado originalmente como *BK, Behavioral Kinesiology* por Harper and Row, Nueva York, 1979.

Música recomendada para el chakra raíz

El chakra raíz con frecuencia tiene un exceso de estímulo. Relacionado con el color rojo, ello conduce a menudo a la dominación, la agresividad, la posesividad y otros comportamientos extremos. Asimismo, puede ser muy apasionado y emocional, creando rápidos cambios de estados de ánimo.

Todo ello se puede sosegar y equilibrar con la meditación, las caminatas largas por el campo o la playa y escuchando música suave. Piezas adecuadas son: *Air on the G String*, de Johann Sebastian Bach; *Canon in D*, de Johan Pachelbel; *Las cuatro estaciones*, de Antonio Vivaldi; *Concierto para flauta y arpa*, de Wolfgang Amadeus Mozart, y la *Holberg Suite*, de Edvard Grieg.

Si el chakra raíz está subestimulado, habrá un enfoque letárgico y apático hacia la vida. La persona será indiferente y todo le resultará demasiado esfuerzo. Habrá poco o ningún interés en el sexo y el entretenimiento.

Es evidente que en este caso lo que necesita es ganar más energía. Se puede lograr animando a la persona a dedicarse a actividades físicas y a pasar momentos alegres con amigos divertidos. Puede escuchar una amplia obra musical. Cualquier música de viento será apropiada, pero en especial las piezas animadas y alegres. Otras piezas incluyen: *Pomp and Circumstance March n.º 1* («Land of Hope and Glory»), de Edward Elgar; la «Marcha triunfal» de *Aída*, de Giuseppe Verdi; «The Stars and Stripes Forever», de John Philip Sousa; «March slave», de Piotr Ilic Chaikovski; «Marcha militar», de Franz Schubert; la «Marcha turca» de las *Ruinas de Atenas*, de Ludwig van Beethoven, y la «Marcha Radetsky», de Johann Strauss.

Música recomendada para el chakra sacro

El chakra sacro está relacionado con el equilibrio, ya que su posición se encuentra entre el rojo (físico) y el amarillo (mental). Por ende, cuando está sobrestimulado tenderá a reflejar las cualidades negativas tanto del rojo como del amarillo. Ello podrá expresarse como cólera, imprudencia, crítica injusta o feroz y una total falta de responsabilidad.

Este chakra puede recuperar el equilibrio permitiéndose tiempo para que la persona medite bien las cosas. Un buen baño caliente puede obrar maravillas en la restauración del equilibrio del chakra sacro. La música apropiada incluye: *Dos conciertos para dos pianos*, de Johann Sebastian Bach; Preludio a *Rosamunde*, de Franz Schubert; el *Concierto para arpa*, de Georg Frideric Haendel, y cualquiera de las piezas de música para flauta de John Dowland.

Si está subestimulado, la persona se sentirá tímida, recelosa e indecisa. Es probable que su imaginación se desboque con miedos y dificultades imaginados.

El chakra puede recuperar el equilibrio fomentando la seguridad y la confianza en sí mismo. Habría que animar a la persona a buscar nuevos retos y a alcanzarlos. La música apropiada incluye: la *Obertura Egmont*, de Ludwig van Beethoven; el Preludio a *Lohengrin* (Acto 3), de Richard Wagner; el *Concierto para piano n.º 1*, de Johannes Brahms; el último movimiento de la *Sinfonía n.º 3* (órgano), de Camille Saint-Saëns, y el último movimiento de la *Sinfonía n.º 5*, de Piotr Ilic Chaikovski.

Música recomendada para el chakra solar

El chakra solar está relacionado con la mente y el sistema nervioso. Cuando tiene un exceso de estímulo, refleja las cualidades negativas, como fallar en finalizar los proyectos, dispersar la energía y llevar una vida superficial. Un progreso rápido se verá seguido de periodos letárgicos, y es factible que la persona sea muy errática. Vivir en la imaginación será preferible a la realidad, y es probable que construya sueños elaborados que nunca acontecen.

Para restaurar el equilibrio de un chakra solar sobrestimulado, la persona tendrá que aprender a pensar primero antes de expresar sus opiniones, y a garantizar su honradez de pensamiento y acción. La música apropiada incluye: *Appalachian Spring*, de Aaron Copland; los *Conciertos para oboe*, de Antonio Vivaldi; «Evening Star» (de *Tannhauser*), de Richard Wagner, y *Claro de luna*, de Claude Debussy.

Si el chakra solar padece falta de estímulo, es factible que la persona sea quejica, crítica y chismosa. Tenderá a dedicarse a actividades frívolas y superficiales y a ser taimada y egoísta. Estos rasgos negativos se pueden eliminar aprendiendo a extender alegría y entusiasmo hacia los demás. No es algo fácil de hacer, ya que requiere un cambio total de actitud. La persona se beneficiará con periodos de introspección en los que podrá analizar pasados patrones de comportamiento y comprobar qué errores se cometieron. La música apropiada incluye: *Water Music*, de Georg Friedrich Haendel; *Concierto para violín*, de Johannes Brahms; *Concierto para tres violines y orquesta*, de Georg Philipp Telemann, así como *El clave bien temperado* y los *Conciertos de Brandemburgo*, ambos de Johann Sebastian Bach.

Música recomendada para el chakra del corazón

El chakra del corazón está relacionado con la sanación, la naturaleza, el equilibrio y un sentido de objetivo en la vida. Cuando sufre un exceso de estímulo, la persona tendrá dificultades para manejar el cambio y sentirá una profunda necesidad de seguridad. Ello puede conducir a problemas al probar cualquier cosa nueva o diferente. Conozco a un hombre que se niega a comer ninguna carne que no sea de ave. De niño su madre le permitió comer cualquier cosa que quería, y ahora, con más de cuarenta años, no prueba nada distinto. Cuando este chakra está sobrestimulado, la persona puede ser extremadamente obstinada y rígida.

Para devolver el equilibrio a este chakra la gente debe ampliar sus horizontes y darse cuenta de que hay otros puntos de vista que pueden ser igual de buenos —o a veces mejores— que los suyos propios. Cuando lo logre, será capaz de ayudar a otros de manera mucho más eficaz que antes y alcanzar una mayor felicidad y satisfacción en su vida. La música apropiada incluye: *Cuadros de una exposición*, de Modesto Musorgski; *Obertura de Romeo y Julieta*, de Piotr Ilic Chaikovski; *Los pinos de Roma*, de Ottorino Respighi; *Peer Gynt*, de Edvard Grieg; *Finlandia*, de Jean Sibelius, y la *Sinfonía n.º 6* («Pastoral»), de Ludwig van Beethoven.

Si el chakra del corazón tiene falta de estímulo, la persona temerá emprender cualquier cosa y envidiará el éxito de otra gente. Esto puede conducir a mezquindad e incluso crueldad. Para devolver el equilibrio habría que animar a la persona a mezclarse con gente positiva y a pasar tiempo en entornos apacibles. A medida que aprenda a tratar con los asuntos inconclusos y a desprenderse del pasado, todos los aspectos de su vida mejorarán. La música apropiada incluye: *Concierto para piano n.º 2*, de Serge Rachmaninoff; *Concierto de Varsovia*, de Richard Addinsell; *Tocata y fuga en re* y *Jesu, Joy of Man's Desiring*, de Johann Sebastian Bach; *Obertura de la caballería ligera*, de Franz von Suppé, y *Concierto para piano en la*, de Edvard Grieg.

Música recomendada para el chakra de la garganta

El chakra de la garganta se relaciona con el pensamiento. Es curioso por naturaleza y quiere saberlo todo. Es expansivo y necesita crecer y avanzar. Cuando sufre un exceso de estímulo, la persona se vuelve impaciente e irresponsable. Se dedica a una búsqueda constante de placer y estímulos indirectos. Para devolver el equilibrio, la persona debería aprender a usar su tiempo de forma inteligente, y a pensar antes de actuar. La música apropiada incluye: *The Beatitudes*, de César Franck; *Grande Polonaise*, de Fréderic Chopin; *Concierto para violín*, de Max Bruch; *Concierto para piano*, de Edvard Grieg, y el *Concierto para violoncelo*, de Antonín Dvorak.

Cuando el chakra de la garganta sufre falta de estímulo, la persona será letárgica, apática, perezosa y autocomplaciente. Para devolver el equilibrio debería buscar un proyecto que valga la pena y que considere estimulante y distinto. La música apropiada incluye: *Concierto para piano n.º 5* («el Emperador»), de Ludwig van Beethoven; *The Joy of Life Symphony*, de Alfred Hill; *Concierto para piano n.º 3*, de Joseph Haydn; *Concierto para órgano, timbales y cuerdas*, de Francis Poulenc; *Panis Angelicus*, de César Franck; las marchas de John Philip Sousa, y *Die Fledermaus Overture*, de Johann Strauss.

Música recomendada para el chakra de la frente

El chakra de la frente está relacionado con la comprensión espiritual, el amor y las empresas humanitarias. Ayuda al autoconocimiento y la intuición, y también combina nuestras naturalezas física y espiritual. Aprecia la belleza. Cuando recibe un exceso de estímulo, la persona se vuelve entrometida, creando caos en vez de armonía, y le resulta imposible ayudar a los demás y a sí misma. Para devolver el equilibrio, esta gente necesita tiempo para sí misma en un entorno estéticamente atractivo, en el que poder relajarse y hacer planes para el futuro. Tal vez necesite aprender a controlar el estrés y la tensión. La música apropiada incluye: *Preludio de Rosamunda*, de Franz Schubert; *Dos conciertos para dos pianos*, de Johann Sebastian Bach; *Sinfonía n.º 6*, de Ludwig van Beethoven; *Concierto para flauta y arpa*, de Wolfgang Mozart, *Air on the G String*, de Johann Sebastian Bach, y el *Concierto para arpa*, de George Friedrich Haendel.

Si el chakra de la frente padece falta de estímulo, es factible que la persona se retraiga de la vida y se niegue a asumir o manejar alguna responsabilidad. Es probable que se vuelva olvidadiza, descuidada con los detalles e intolerante. Él o ella serán exigentes, desaprobadores y altaneros. Para restaurar el equilibrio, esta gente necesita pasar tiempo en actividades ligeras y divertidas con personas a las que ama. Tiene que aprender a olvidarse de heridas y agravios pasados y a vivir el presente. También necesita sentirse necesitada por los demás. La música apropiada incluye: *Trumpet Voluntary*, de Jeremiah Clarke; *A Lincoln Portrait*, de Aaron Copland; *Finlandia*, de Jean Sibelius; *Misa del Papa Marcelo*, de Giovanni Palestrina; *Sinfonía n.º 3* («Sinfonía de Órgano»), de Camille Saint-Saëns, y el *Concierto de Aranjuez*, de Rodrigo.

Música recomendada para el chakra corona

El chakra corona representa nuestra naturaleza y aspiraciones más elevadas. Está relacionado con la espiritualidad, la intuición y el deseo de conocer y entender las verdades ocultas.

Es inusual que este chakra esté sobrestimulado. Cuando eso sucede, es factible que la persona viva en un mundo propio de ensoñación y sea incapaz de distinguirlo de la realidad. Esa retirada a la fantasía con frecuencia hace que le sea imposible relacionarse con los demás, y, de hecho, los otros por lo general reciben una condena por su falta de perfección. Para devolver el equilibrio a este chakra, la persona necesita aprender qué es el balance. Necesita tiempo para entregarse a cosas espirituales y metafísicas, pero asimismo necesita mezclarse con los demás a un nivel más ligero. Cuando se entrega a ello, posee la capacidad de encantar, fascinar y cautivar a otros, pero quizá tenga que obligarse a hacerlo. La música apropiada incluye: *Sinfonía n.º 2*, de Gustav Mahler; *La Pasión según San Mateo*, de Johann Sebastian Bach; *Florida Suite*, de Frederick Delius; *Sinfonía en re menor*, de César Franck; *Concierto para piano n.º 1*, de Federico Chopin; *Oda a Santa Cecilia*, de George Friedrich Haendel, y *Rapsodia española*, de Maurice Ravel.

Cuando el chakra corona sufre falta de estímulo, la persona será introspectiva, distante, orgullosa y arrogante. Se desentenderá de la gente con un aire superior de condescendencia. Para recuperar el equilibrio, necesita «aligerarse» entregándose a actividades divertidas sólo por el placer que ello reporta. Debe aprender a relacionarse con los demás a su nivel y a no esperar la perfección de todo el mundo. La música apropiada incluye: *Keltic Sonata*, de Edward MacDowell; *Sinfonía en do*, de Georges Bizet; *Concierto para guitarra*, de Héctor Villalobos, y *Sinfonía n.º 5*, de Ludwig van Beethoven.

■ Desarrollo magnético

Las habilidades clarividentes en Oriente se estimulan mediante el uso de un imán[5]. Para ello necesitáis un imán. No resulta adecuado uno en forma de herradura. Colgad el imán y sentaos debajo de él durante media hora (figura 8.1). Tendréis que probarlo para determinar qué polaridad crea un efecto de expansión sobre vuestra conciencia. Si os sentáis bajo la polaridad equivocada, no tardaréis en sentiros incómodos.

Una vez que lo hayáis determinado, descubriréis que las sesiones debajo del imán son útiles y beneficiosas. A mí me ayuda realizar un ejercicio de

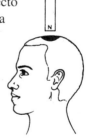

FIGURA 8.1.

---

[5] *Methods of Psychic Development*, del doctor Quantz Crawford, Samuel Weiser, Inc., York Beach, 1982, páginas 89-90.

relajación progresiva mientras estoy debajo del imán. Me insta a obtener la suficiente relajación y a sintonizar conmigo mismo.

La gente experimenta las sensaciones del imán de formas diferentes. Algunos sienten como si la parte superior de la cabeza estuviera expandiéndose o vibrando. Otros ven colores y haces de luz. Las primeras veces que realicéis el experimento quizá os sintáis mareados.

Persistid, y vuestras habilidades intuitivas se desarrollarán poco a poco.

■ Grabad lo que queráis en el aura

En 1975 el doctor Joe Slate realizaba un experimento en el Athens State College, en Athens, Georgia. Le pidió a un estudiante que intentara un acto de precognición proyectando las energías de su aura unas semanas en el futuro. El estudiante recogió una poderosa impresión de una avalancha que sepultaba edificios y personas. La impresión que recibió fue tan fuerte que otros estudiantes de la clase pudieron verla en su aura. Unas semanas más tarde, en Suiza, la predicción se hizo realidad cuando tuvo lugar una avalancha[6].

Con vuestra aura podéis hacer exactamente lo mismo. O bien podéis ir hacia delante y ver cómo

---

[6] *Psychic Phenomena*, del doctor Joe H. Slate, página 74.

van a ser para vosotros las siguientes semanas o meses, o bien podéis estableceros metas y grabarlas en vuestra aura.

Empezad sentándoos en un sitio donde podáis relajaros. Cerrad los ojos y flotad a la deriva por toda vuestra vida, desde los recuerdos más tempranos hasta el presente. Descubriréis que os demoráis en algunos recuerdos mientras que descartáis otros con presteza.

En cuanto lleguéis al presente, deteneos un momento y reflexionad en cómo esas experiencias que acabáis de revivir han configurado a la persona que sois en la actualidad.

Es de suponer que querréis que la persona que seréis mañana resulte un poco diferente de la que sois hoy. Pensad qué os gustaría cambiar. ¿Desearíais más dinero? ¿Una relación más satisfactoria? ¿Más tiempo libre? ¿Un ascenso en el trabajo?

Da igual qué es lo que deseáis. Simplemente cercioraos de que lo queréis con ganas. Por supuesto, a todos nos gustaría tener más dinero, pero ¿lo anhelamos lo suficiente como para trabajar las horas extra que serán imprescindibles? Si no estáis preparados para pagar el precio, olvidaos de esa meta y elegid otra cosa.

En cuanto tengáis la meta o las metas claramente en la cabeza, seguid adelante con vuestra vida llevándola hacia el futuro. ¿Cómo os veis dentro de doce meses? ¿O cinco años? Imaginaos mentalmente con toda la claridad que os sea posible: felices, satisfechos... y con las metas que os habéis fijado.

Cuando tengáis clara esta imagen en la mente, podéis grabarla en el aura. Imaginad que vuestro objetivo es comprar una casa nueva en los próximos doce meses. Contemplaos, en la fecha actual dentro de un año, abriendo la puerta de vuestra casa nueva y entrando en ella. Vedlo con la máxima claridad que os sea posible. Queréis tener un cuadro de la casa en vuestra cabeza, de modo que podáis verla y reconocerla cuando la encontréis.

Haced que la imagen sea tan vívida que la sintáis, la veáis e incluso la oláis. Visualizad ese cuadro todas las noches cuando os vayáis a dormir. Al grabar vuestros deseos en el aura de este modo, atraeréis las fuerzas universales hacia vosotros, para que podáis hacer realidad vuestra meta.

Cambiad el aura para tener éxito

Todos tenemos un potencial prácticamente ilimitado y podemos conseguir todo lo que deseemos, siempre que estemos preparados para establecer objetivos, trabajar duro y pagar el precio.

Observad vuestra aura y ved qué zonas necesitan mejorarse. Puede que tengáis que cambiar de actitud hacia el trabajo. Quizá tengáis que ser más abiertos y amistosos. Tal vez debáis modificar conscientemente tantos pensamientos negativos en positivos como os sea posible.

Quizá tengáis costumbres malas que queráis corregir. Acaso deseéis dejar de fumar, o cambiar vuestros hábitos de alimentación.

Vuestra aura os dirá en qué áreas debéis trabajar. Algunas tal vez os sorprendan. Yo creía que llevaba tres trabajos muy bien hasta que mi aura me informó de lo contrario.

Cambiar el modo de pensar transformará el aspecto del aura. Los pensadores positivos son optimistas naturales y tienen un aura grande, brillante y expansivo. Sus pensamientos los mantienen saludables, motivados y listos para la acción. Si vuestra aura está apagada y condensada, leed libros motivadores de autoayuda durante treinta minutos al día y observad cómo el aura se desarrollará para reflejar vuestro cambio gradual de actitud.

Una de las cosas que más me sorprendió cuando empecé por primera vez a leer auras para otras personas fue que, por lo general, yo veía una versión más positiva e interesante de sus vidas que las que podían aceptar. La gente con una autoimagen pobre sólo alcanza una fracción de su potencial. Éste queda revelado en su aura y es visible para cualquiera que sepa cómo verla, pero esas personas se contienen y bloquean su potencial. Si tenéis problemas en este campo, asistid a un curso para desarrollar la autoestima. Nunca es demasiado tarde para cambiar el concepto que tengamos de nosotros mismos y hacer realidad los sueños.

Poneos algunos objetivos que merezcan la pena. ¿Sabíais que una vasta mayoría de la población mundial vaga a la deriva por la vida sin ninguna meta en mente? Casi todos se esfuerzan más en planificar unas vacaciones de verano que en trazar el camino que quieren seguir en la vida.

No es fácil establecer objetivos si no lo habéis hecho antes. Pero el esfuerzo valdrá la pena de muchas maneras. Tendréis una meta a la que dirigiros, y un sentido de dirección y objetivo en la vida. Y vuestra aura reflejará todo esto, y se volverá grande, expansiva y hermosa.

9

Lecturas de auras

EN CUANTO empecéis a ver auras vuestra popularidad aumentará y la gente se dirigirá a vosotros solicitándoos lecturas. Si decidís hacerlas, deberéis realizarlas siempre con amabilidad, gentileza y entrega. Sin duda hay momentos para lecturas breves y «divertidas», pero recordad que incluso con éstas la gente prestará una atención especial a cada palabra que digáis.

No importa lo insensible o escéptica que pueda ser una persona, recordará —a menudo palabra por palabra— las cosas que le digáis durante la lectura. En consecuencia, debéis elegir las palabras con sumo cuidado. Vuestras lecturas siempre tienen que enfatizar lo positivo y darle a la persona algunas ideas para que medite en ellas, y, quizá, trabaje en ellas.

Tened cuidado con los problemas de salud que podáis ver. A menos que seáis médicos, deberíais evitar dar un consejo específico en cuestiones de salud. Cuando yo veo problemas potenciales de salud en el aura de alguien, siempre sugiero que se haga un chequeo médico. Si un aura aparece cansada o estresada, aconsejo que esa persona se vaya de vacaciones o aprenda una técnica de relajación. Sin embargo, ni se me ocurriría darle a alguien el consejo de que se trate, por ejemplo, un riñón inflamado, ya que no soy médico.

Puedo ayudar a la gente equilibrando su aura, potenciando su autoestima y dando sugerencias en cuanto adónde debería dirigirse en su vida y su carrera. Puedo aconsejar sobre cómo manejar emociones potencialmente peligrosas, pensamientos negativos, pereza y dilación, pero no puedo hacer que la gente actúe de acuerdo con mis sugerencias.

No ofrezco consejo a menos que se me solicite. Por ejemplo, jamás me acercaría a un desconocido y le comentaría que vi algo en su aura. No obstante, si alguien viniera y me pidiera una lectura, se la daría con la máxima entrega.

Siempre que puedo, dibujo el aura mientras hablo. Uso un cuaderno de artista y lápices de colores de buena calidad. Los lápices no pueden captar las diferentes tonalidades y texturas de cada color del aura, pero le dan a la persona que recibe la lectura cierta idea del aspecto que tiene su aura. También le aportan algo tangible que puede guardar.

He experimentado con rotuladores, pero me da la impresión de que los colores que producen son demasiado chillones para dibujar algo tan glorioso como un aura. Los lápices de colores distan mucho de ser perfectos, pero son lo mejor que he encontrado hasta ahora. Yo no soy un artista, pero muchos de mis retratos de auras están enmarcados y cuelgan con orgullo en los hogares de gente de todo el mundo. Una de mis estudiantes es una artista con talento que realiza retratos de auras con pinturas al pastel. Son obras de arte y la pintura le permite llevar a cabo retratos increíblemente precisos de los colores del aura. Sin embargo, yo he descubierto que con la pintura tiendo a emborronar los retratos, por lo que volví a los lápices de colores.

La otra ventaja importante de dibujar el aura es que la gente a menudo se siente tensa y nerviosa cuando alguien la mira con fijeza durante un periodo de tiempo. Al dibujar el aura mientras hablo, yo no la miro de forma constante. En consecuencia, se relaja más y ello permite que se me revele su verdadera aura.

La mayoría de mis lecturas podría definirse como análisis de carácter con sugerencias sobre el futuro. He aquí unos ejemplos de dos tipos de lecturas que realizo, primero una breve y «divertida», y luego una más seria y profunda.

Supongamos que estoy haciendo una lectura breve para un hombre de veinticinco años. Daremos por hecho que su aura tiene un color básico azul con el rojo y el violeta como colores secundarios. Su aura es de tamaño medio. Mientras hablo con él noto bastante amarillo alrededor de su cabeza, lo que indica que medita con seriedad en lo que yo le digo.

Mi lectura iría más o menos por estos cauces:

«Tiene mucho azul en su aura y ello significa que su corazón siempre será joven. Se entusiasma mucho con todo tipo de cosas, aunque a veces le resulta difícil acabar lo que empieza. Parece como si en ocasiones se hubiera metido en problemas por decir exactamente lo que pensaba. Ahora se muestra más cuidadoso en ese sentido. No obstante, la gente por lo general sabe qué posición ocupa con usted, y eso es bueno. Básicamente es usted una persona sincera.

»Sería muy feliz trabajando en un campo que ofreciera grandes oportunidades y mucha variedad. No creo que alguna vez le gustara que le dijeran lo que tenía que hacer. Si se presentara la oportunidad adecuada para ser autónomo, debería examinarla con suma atención. A largo plazo, ocupará una posición de gran responsabilidad o será autónomo. Siempre debería apuntar a lo más alto. Si apunta bajo, alcanzará su meta, aunque también la alcanzará si sus objetivos son realmente elevados. En el pasado ha tendido a subestimarse. Tenga sueños grandes y osados y luego conviértalos en realidad.

»Es probable que en la escuela lo llamaran soñador. En esa época, quizá tuviera una intención negativa. Pero sigue siendo un soñador, y siempre lo será. Debería considerarlo como un rasgo sumamente positivo. Después de todo, nada tendría jamás lugar si alguien no lo soñara primero. Es parte de su encanto, y lo ayuda a mantenerse siempre joven. ¡No me sorprendería nada que se interesara por algo nuevo el mismo día de su muerte!

»Tiene poderosas líneas rojas emanando de su aura. Eso significa que posee un fuerte sentido de la responsabilidad. También le aportan ambición y deseo de poder y las recompensas financieras que puede proporcionar esa responsabilidad.

»Resulta interesante ver que también tiene unas fuertes líneas violetas irradiando del aura. Significa que disfruta buscando las verdades ocultas que hay detrás de las cosas. Rara vez da las cosas por hechas ya que desea averiguarlas por sí mismo. El violeta es un color espiritual y veo que usted, poco a poco, lo desarrolla y levanta una fe o una filosofía fuertes a medida que avanza por la vida.

»Su mayor éxito tiene lugar tratando con los demás, pero también necesita pasar tiempo a solas, para crecer en conocimiento y sabiduría. Puedo ver que su educación continúa toda la vida. En algunos aspectos su educación comenzó cuando salió de la universidad. Tiene una mente excelente y receptiva y evalúa con atención todo lo que le interesa.»

Toda esta información procede del color básico y de dos colores secundarios. Por supuesto, si se tratara de una persona de verdad, podría incluir muchos más datos. Podría comentar sobre la textura de su aura, la calidad de sus colores, las formas de pensamiento, su estado de ánimo en ese momento y sus niveles de resistencia y energía. Os daréis cuenta de que no he mencionado los chakras. Éstos cumplen un papel importante en las lecturas más largas, pero por lo general los ignoro cuando doy retratos rápidos.

Aquí tenéis un ejemplo de una lectura más exhaustiva. Se la di a una mujer de cuarenta años. Iba perfectamente peinada y vestida con ropa cara, aunque tenía uno de los rostros más tristes que jamás he visto.

Después de recibirla y hacer que se sentara en una silla cómoda, intenté establecer una conversación superficial durante unos minutos para ayudar a que se relajara. No obstante, no le interesaba mantener una conversación y me dijo que me pusiera «manos a la obra».

«Desde luego», repuse. Recogí mi cuaderno de dibujo y empecé a trazar su color básico. «Su aura no es tan grande como debería ser», comencé. «Es evidente que ha agotado sus energías y necesita descansar. Unas vacaciones le sentarían muy bien.» Ella asintió pero no hizo ningún comentario. «El color básico de su aura es de un rosa hermoso y delicado. Hoy no lleva puesto nada de color rosa, pero si lo llevara, la gente comentaría lo bien que le sienta ese color. El rosa es un color maravilloso, ya que muestra que es usted una persona amable y compasiva que disfruta estando con la gente que quiere.»

Me miró unos momentos mientras yo me concentraba en trazar su color básico. Se mojó los labios y pareció a punto de hablar, pero cambió de parecer.

«También le iría bien en el mundo de los negocios, quizá en un cargo de dirección. Sin embargo, creo que ser autónoma le sentaría mejor, ya que es usted ambiciosa, decidida y está motivada.»

«Quiere decir obstinada.» Soltó una risa ronca.

Asentí. «En cierto sentido, sí. No obstante, está preparada para considerar todos los puntos de vista. Aunque en cuanto toma una decisión, es casi imposible que alguien la haga cambiar de idea. Yo lo considero un rasgo positivo en el mundo profesional, pero podría hacerle difícil la vida en otros campos.»

«Soy una tirana», dijo de un modo indiferente y directo.

«Eso a veces puede ser una ventaja en el mundo competitivo de los negocios.» Suspiró hondo y noté que en su aura aparecían vestigios de naranja. «Intenta contener sus emociones», proseguí. «Eso jamás funciona mucho tiempo, ya que nuestras emociones siempre pueden con la lógica.»

Hice una pausa y contemplé sus colores secundarios. Eran amarillo y verde. «Usted tiene un cerebro maravilloso y lógico», dije mientras trazaba las líneas amarillas. «Es una pensadora veloz y puede darle vueltas a la mayoría de la gente. Si alguien quisiera engañarla, tendría que madrugar mucho.»

«Lo han intentado», reconoció, «pero por lo general gano yo».

«Usted se siente muy feliz cuando aprende y necesita un constante estímulo mental. Por ejemplo, cualquiera que quiera ser su pareja tendría que ser su igual mental. De hecho, cualquier relación tendrá que empezar a un nivel mental, y si esa persona fallara la prueba, usted perdería totalmente el interés.

»No obstante, su mente es tan rápida y afilada que estoy seguro de que en ocasiones ha hecho comentarios que luego ha lamentado.»

«¿No nos ha pasado a todos?»

«Creo que sí, pero usted a veces puede herir con lo que dice, y quizá ni siquiera sea consciente de ello.»

Su aura quedó momentáneamente impregnada de naranja.

«Deje que salgan sus emociones», dije. «Las ha estado conteniendo demasiado tiempo.»

Las lágrimas asomaron a sus ojos y cerró y abrió las manos. Esperé que entonces se abriera una esclusa, pero se mantuvo bajo un férreo control y poco a poco el naranja desapareció.

«¿Cuándo aprendió a relajarse de esa manera?», pregunté.

Esbozó una sonrisa leve.

«Solía padecer estrés hasta que asistí a clases de meditación trascendental. ¿Cómo lo ha sabido?»

«Estaba en su aura.» Dejé el lápiz amarillo y recogí el verde. «Antes de cambiar de color, será mejor que mencione que obtendría mucho placer con alguna afición creativa. Por ejemplo, conseguiría mucha satisfacción si se expresara de algún modo, tal vez cantando o escribiendo.»

Asintió. «Solía hacerlo.»

«También tiene mucho verde en su aura. Es interesante, ya que muestra que en su interior es usted una persona compasiva y sería una sanadora natural. Es probable que se relacione bien con las plantas y los animales, al igual que con las personas.»

«Mucho mejor con los animales que con las personas.» De nuevo soltó una risa dura y autodesdeñosa.

«El verde armoniza bien con su color rosa básico. Disfruta con los retos y le gusta dejar su marca personal. Está preparada para trabajar mucho y duro para conseguir aquello que desee.»

«Siempre me he fijado metas. No es que me haya servido de mucho.»

Sacudí la cabeza. «Todo lo contrario. Lo que pasa es que usted se fija metas para su carrera, y no para otros campos de su vida, como las relaciones y la familia.» El naranja apareció de nuevo durante varios segundos, y desapareció con la misma rapidez que surgió. «La meditación trascendental le ha venido muy bien.»

Se movió incómoda. «No me gustaría vivir con usted. Sabe demasiado.»

Giré el dibujo para que pudiera ver lo que había hecho. «Ahora voy a dibujar los chakras. En el cuerpo hay siete de estos puntos de energía y están muy relacionados con las emociones y los sentimientos respecto de los diferentes campos de la vida.» Indiqué dónde estaba localizado cada uno y le pedí que se pusiera de pie un momento. Pareció avergonzada mientras observaba sus chakras, y se sintió aliviada cuando volvió a sentarse.

Dibujé cada chakra a toda velocidad. «Los expondré uno por uno, pero, como puede ver, todos están interconectados, y usted tiene unos cuantos bloqueos que la frenan ahora mismo.»

«¿Acaba de ocurrir?», preguntó.

«Probablemente se trata de algo gradual. Sin embargo, me da la impresión de que ha llegado a un punto de crisis, y adónde vaya a partir de ahora depende por completo de usted.»

«No sé adónde ir desde aquí.»

«Quizá esto le proporcione algunas pistas. Primero, su chakra radical está bloqueado. Este chakra gobierna la seguridad y la confianza. De hecho, la palabra sánscrita para el chakra significa "apoyo". Mantiene sus pies en tierra. Cuando se halla bloqueado, como sucede ahora, es factible que se sienta asustada, nerviosa o insegura.»

«Yo diría que insegura. Quizá asustada. ¿Nerviosa? No.»

«Este chakra gobierna nuestros reflejos de lucha y huida, de modo que puede que en un momento quiera salir corriendo y al siguiente quedarse y luchar.»

Asintió despacio. «Eso lo describe a la perfección.»

«Su chakra sacro también está bloqueado. Cuando tanto el raíz como el sacro aparecen bloqueados, el problema a menudo tiene que ver con asuntos sexuales. Asimismo significa que es probable que usted esté expresando sentimientos de resentimiento y cólera.»

«Me gustaría expresarlos, pero los he estado conteniendo.»

«No puede continuar de esa manera. ¡Mire qué le está haciendo! Debe encontrar un modo seguro de sacar a la luz sus sentimientos.»

«Hace años fui a una playa protegida y grité y grité hasta quedarme afónica.»

«¿Se sintió mejor después?»

Se rió, esta vez una risa natural y agradable. «Me sentí fantástica hasta que me di la vuelta y vi a mi marido sentado en la arena detrás de mí.»

«Quizá debería visitar otra vez esa playa. O quizá debería planear una cena íntima para que puedan hablar con sosiego de lo que tiene usted en la cabeza... y en el corazón.»

«¿Qué le hace pensar que se trata de mi marido?»

«Bueno, no es su carrera, eso es evidente. Pero tiene que ver con sus emociones a un nivel muy profundo y primario. Mi conjetura es que su marido no habla de lo que le pasa por la cabeza, o no discute las cuestiones más hondas con usted...»

«¡Es un cabrón!»

«Tal vez, pero usted todavía lo ama.»

Ella se inclinó hacia delante. «¿Mi aura revela eso?»

«Me he adelantado un poco, pero su chakra del corazón está en equilibrio perfecto. Eso significa que, a pesar de todo, usted aún es capaz de amar. El hecho de que esté equilibrado tiende a indicar que él también todavía la ama. Sin embargo, tendría que ver el aura de él para responder a eso con precisión.»

«¿Jim me ama?» Su voz sonó sorprendida. Alargó el brazo y me tocó la rodilla. «¿De verdad lo cree?»

«No es que lo crea. Puedo sentirlo y verlo en su aura. Usted también tiene mucho amor para dar.»

Por primera vez sonrió y eso la hizo parecer diez años más joven.

«Ahora volveré a su chakra solar. Muestra un exceso de estímulo. Usted se ha convertido en una perfeccionista y en una adicta al trabajo. Es probable que sea muy exigente con los demás.»

Se pasó la lengua por los labios y asintió. «Eso puedo cambiarlo.»

«Su chakra del corazón está en perfecto equilibrio, como ya dije antes. Ello significa que es usted capaz de ayudar y cuidar a otros. Con su compasión y amor puede ayudar a que otra gente se desarrolle y darle esperanza y fuerza.

«Debería haber hecho eso con mi familia.»

«Todavía está a tiempo. Nunca es demasiado tarde, y su familia sabe que usted la ama. Es imposible esconder el resplandor que sale de su chakra del corazón.»

«Gracias.»

«Ahora llegamos a los tres chakras superiores. Se los conoce como la Trinidad. Su chakra de la garganta muestra un ligero sobrestímulo. Es usted capaz de expresarse maravillosamente bien, pero ahora mismo es probable que se sienta dogmática, sarcástica y amarga. Una vez que libere todo eso, su comunicación con los demás volverá a ser excelente.»

»Su chakra de la frente está bien equilibrado. En algunos sentidos eso es asombroso, ya que se relaciona con su pensamiento, y ahora mismo éste parece un poco confuso. Básicamente, este chakra muestra que siempre que a usted se le presenta un problema, encuentra la respuesta mediante su excelente cerebro. También muestra que posee una fina intuición, y el potencial de hacer mucho mayor uso de ella que en el pasado.»

«Ahora empiezo a ser más consciente de ello. Es probable que ése sea uno de los motivos por los que he venido a verle a usted.»

«Nos queda un chakra. Es el de la corona. Se halla razonablemente bien desarrollado. Digo "razonablemente" porque la mayoría de la gente ni siquiera empieza a trabajar con este chakra hasta más tarde. Básicamente usted se halla en sintonía con el infinito, y a medida que pase el tiempo cobrará cada vez más conciencia de su naturaleza espiritual.

»Tiene una zona de negrura en su cuerpo etérico junto a la rodilla derecha. Lleva ahí un buen tiempo. ¿Se lesionó en algún momento?»

«Me la rompí de adolescente, jugando al hockey. A veces experimento leves ataques de artritis.»

«Aparte de eso, su salud parece buena, excepto por la tensión que padece ahora. Unas vacaciones le vendrían muy bien, en especial si fuera a algún sitio nuevo, donde pudiera analizar sus problemas desde cierta distancia. Debe salir de su interior y observar las cosas desde una perspectiva diferente. Eso también le devolvería la fuerza y la vitalidad.»

Ella asintió. «Por no mencionar mi entusiasmo. Estoy pensando en hacerlo. Gracias.»

«En su aura también hay unas cuantas formas de pensamiento. La más pronunciada es de libros. Es evidente que ahora mismo usted siente el deseo de aprender.»

«Pienso en volver a la universidad.»

«Excelente. Eso es lo que significan los libros. Asimismo veo una cuerda con un nudo grande. Significa que una parte importante de su vida está en desorden y necesita deshacer el nudo. Creo que los dos sabemos de qué área de su vida se trata.»

Asintió con gesto pensativo. «Menos trabajo, más diversión. ¿Eso es lo que recomienda?»

«Depende de usted, desde luego. Pero creo que necesita conseguir más equilibrio en su vida. Es obvio que le encanta su trabajo y que es buena en él, de modo que no lo deje. Para usted su carrera es muy importante. Pero no estaría mal si pudiera hacerle más espacio a otras partes importantes de su vida. Si pudiera tomarse unas vacaciones, dispondría de tiempo para pensar en todas estas cosas.

»En conclusión, me gustaría decir que tiene usted un aura extremadamente llamativa. Ha sido bendecida con más capacidad y potencial que la mayoría, y lleva estas cualidades hasta donde le es posible. Recuerde incorporar a la gente que es especial en su vida. Veo mucho éxito y felicidad en su futuro.»

Mis lecturas de aura más prolongadas pueden insumir hasta una hora, dependiendo de lo que haya en ella. En ciertos aspectos, un lector de auras es un consejero, y os ayudaría mucho asistir a cursos de asesoramiento para desarrollar este campo si deseáis convertiros en lectores profesionales de auras.

Esta mujer no era tan comunicativa como la mayoría de las personas. Por lo general, una lectura se convierte en una conversación. Disfruto cuando la gente hace comentarios y formula preguntas mientras yo leo. Cuando la gente me hace preguntas, puedo mirar diferentes partes del aura en busca de la respuesta. Creo que este tipo de lectura es de mayor utilidad que aquellas en que la persona se sienta callada y sólo escucha. A veces éstas nos ponen a prueba y no quieren dar ninguna pista, pero, por lo general, no son conscientes de que pueden formularnos preguntas. En consecuencia, yo empiezo diciéndole a mis clientes que pueden hacer todas las preguntas que desean mientras yo realizo la lectura. Cuando lo hacen, se les puede proporcionar la información que con toda probabilidad les será de mayor utilidad.

Una lectura de aura es una experiencia muy íntima, tanto para el lector como para la persona que se somete a la lectura. La gente no os puede ocultar nada. Tal vez sea capaz de mentir de forma convincente, pero vosotros podréis ver cómo la verdad se revela en sus auras. Muchas personas sienten la necesidad de mentir para intentar darse fuerza. Rara vez cuestiono lo que dicen, ni siquiera cuando veo que su aura me revela todo lo contrario. Pero lo tengo en mente cuando les doy consejo.

La lectura de auras puede ser algo muy satisfactorio, en especial si se ve que la gente crece y progresa como resultado de vuestro consejo. Empezad con lecturas muy breves. Pedidle a vuestros amigos y conocidos que os confirmen vuestra exactitud. Os resultará fácil encontrar personas con las que practicar. Una vez que la gente se entere de que hacéis lecturas de auras, os buscará. A medida que aprendáis y mejoréis, aumentad la duración de las lecturas. Las que yo doy como «divertimento» duran unos cinco minutos y sólo tocan la superficie. Sin embargo, una lectura completa a menudo dura una hora.

Las lecturas pueden vaciaros emocionalmente. Es importante que liberéis cualquier pensamiento y emociones negativos que recojáis por accidente de la gente a la que le hacéis la lectura. A mí me ayuda cerrar los ojos y respirar hondo varias veces tras una lectura larga. Mientras exhalo, me digo a mí mismo: «Relájate y libérate.» Por último, me imagino rodeado por un aura de protección. Con ello puedo dar lecturas todo el día y seguir fresco y con energías hasta que acaba el día.

Es importante protegeros de esta manera. Algunas personas os contarán historias muy trágicas y tristes. Su negatividad y amargura pueden prenderse a vosotros, arrastrándoos y consumiendo vuestra energía. Os debéis a vosotros mismos, y a la gente a la que le realizáis lecturas, mantener una actitud positiva y no perder la buena salud, de modo que podáis ayudar al máximo de vuestra capacidad a todo el que vaya a veros.

También necesitáis aprender a dar vuestra preocupación y compasión sin dejar de mantener un cierto distanciamiento. Es algo similar a los sentimientos que aprenden los médicos y las enfermeras. No os podéis involucrar emocionalmente con los problemas de vuestros clientes. Para ser un buen lector de auras tenéis que ser humanitarios y sentir empatía, mas no debéis permitir que los problemas de los demás se conviertan en los vuestros. Vuestro deber es ayudar a otra gente todo lo que podáis, pero también cuidar de vosotros.

Si seguís estas pautas, podréis ayudar a muchas personas. Es una sensación maravillosa cuando la gente va a veros, a veces años después de una lectura, para deciros lo mucho que la ayudasteis. La lectura de auras puede ser algo altamente satisfactorio de muchas maneras distintas.

Conclusión

AL ADQUIRIR más conciencia de las auras, vuestra vida cambiará de modo permanente. Sentiréis mucho más interés en los colores. Veréis tanta más belleza en el mundo, y ello hará que os maravilléis de todo lo que no habíais observado en el pasado. El estudio de las auras es algo fascinante que puede ampliar vuestra conciencia del mundo y permitiros prestar vuestra ayuda tanto a otros como a vosotros mismos.

Tened presente que existen muchas ideas falsas sobre las auras. En ocasiones no os entenderán. Algunas personas consideran que las auras son una alucinación. Otras piensan que es obra del diablo. Desde luego, otras piensan que se trata de la obra de Dios. Descubriréis que cierta gente cree que veis auras alrededor de todo el mundo en todo momento. Algunos creerán que eso os proporciona una ventaja injusta sobre los demás.

Sed amables con aquellos que desdeñen vuestra habilidad de ver y leer auras. Con el tiempo, si no en esta encarnación en otra, descubrirán la verdad sobre las auras.

Que vuestra vida se colme con los colores del arco iris.

Apéndice A
Significado de los colores

ENCONTRARÉIS un abanico enorme de colores dentro de las auras de las personas. Al principio, tanta variedad puede resultar intimidadora, pero al ganar experiencia descubriréis que interpretar los colores es más fácil que lo que en un principio se creía.

Por fortuna, en los últimos miles de años mucha gente ha estudiado las auras y existe unanimidad sobre el significado de los diferentes colores. Por ejemplo, es fácil reconocer que un rojo sucio y oscuro indica mal humor y sensualidad, pero quizá no sea tan sencillo interpretar un marrón brillante o un rosa desvaído.

El único objetivo de esta lista es que sirva sólo de guía. Su compilación se debe tanto a mis hallazgos como al de mis estudiantes. Confiad en vuestra intuición y tomad vuestras propias decisiones acerca de los colores inusuales que veáis antes de comprobarlos con esta lista. Puede que averigüéis que estáis en desacuerdo con el significado que se da aquí. Cuando esto suceda, observad de nuevo el color para cercioraros de que concuerda con la descripción dada. En casos de duda, seguid vuestra intuición.

Tuve mis dudas respecto de incluir esta lista, ya que es mejor que descubráis los significados por vosotros mismos mediante la observación y la formulación de preguntas. Sin embargo, en mis clases veo que la mayoría de la gente quiere algo que confirme sus hallazgos. En consecuencia, usadla como una guía, pero abandonadla en cuanto os sintáis cómodos y familiarizados con los diferentes colores que halléis.

En términos generales, los colores claros y hermosos son siempre un signo positivo, mientras que los colores sucios resultan invariablemente negativos.

Casi todos los colores enumerados aquí aparecen como formas de pensamiento y van y vienen con rapidez. Cuando a ellos esté unida la emoción permanecerán bastante más tiempo. Con la práctica aprenderéis qué colores forman parte del aura permanente y cuáles vienen y van según los estados de ánimo y los sentimientos cambiantes de la gente con la que tratéis.

◼ ROJO: Energía

Rojo sangre: venganza y celos.
Rojo brillante: fuerza y persuasión.
Rojo claro: amistad y actividad física.
Carmesí: sexualidad y pasiones bajas.
Rojo oscuro, casi negro: egoísmo y codicia.
Rojo intenso: pasión.
Rojo sucio: sensualidad y lujuria.
Rojo apagado: egoísmo.
Rojo llameante: irritabilidad y ansiedad.
Rojo ligero: nerviosismo.
Magenta: alegría.
Rosa: amor puro, altruista.
Rosa claro: júbilo y felicidad.
Escarlata: emociones descontroladas.
Rojo natural: ambición y valor.

◼ NARANJA: Emociones

Naranja brillante: emociones fuertes.
Naranja claro: sociabilidad y apertura.
Naranja oscuro: exceso de complacencia, falta de control emocional.
Naranja apagado: irritabilidad.
Naranja rojizo: deseo de impresionar a los demás.
Naranja natural: bien organizado y competente.

■ AMARILLO: Intelecto

Amarillo brillante: intelecto elevado.
Amarillo apagado: pereza y naturaleza poco práctica.
Amarillo limón: pensamiento claro.
Amarillo mostaza: astucia y deshonestidad.
Amarillo pálido: previsión.
Amarillo luminoso: buena lógica y aspiraciones espirituales.
Amarillo natural: sociable, comunicativo y considerado.
Amarillo-verde: intelecto bajo.

■ VERDE: Sanación y equilibrio

Verde brillante: buena salud y vitalidad.
Verde oscuro: celos.
Verde sucio: envidia, deshonestidad y engaño.
Verde esmeralda: empatía.
Verde hierba: adaptabilidad.
Verde grisáceo: depresión y desilusión.
Verde claro: simpatía, comprensión y perdón.
Verde cenagoso: envidia.
Verde natural: humanista y corazón bondadoso.

■ AZUL: Variedad

Azul brillante: autoconfianza y lealtad.
Azul oscuro: sabiduría.
Azul apagado: sensaciones de verse constreñido y frenado.
Azul claro: entrega e ideales elevados.
Azul-lila: idealismo.
Azul pálido: inmadurez.
Azul intenso: espiritualidad.
Azul natural: imaginativo y perceptivo.

■ ÍNDIGO: Responsabilidad

Índigo brillante: preocupación por los demás.
Índigo oscuro: percepción espiritual.
Índigo apagado: desilusión.
Índigo luminoso: serenidad.
Índigo natural: autoconfianza y responsable.

■ VIOLETA: Espiritualidad

Amatista: despertar espiritual.
Lila: humanitarismo.
Violeta luminoso: fe, intuición y percepción.
Púrpura: orgullo y amor por la pompa y la ceremonia.
Violeta natural: intuitivo y espiritual

■ NEGRO: Malicia

Negro grisáceo: malevolencia y crueldad.
Negro puro en el cuerpo etérico: problemas de salud. También puede indicar dolor. Odio y perversidad si se encuentra en otras partes.
Negro natural: voluntad fuerte y obstinación.
Negro desvaído: furtivo y pesimista.

■ MARRÓN: Materialismo

Marrón sucio: avaricia.
Marrón cenagoso: egoísmo.
Marrón puro: ambición y materialismo.
Marrón rojizo: codicia.
Marrón natural: pragmático y trabajador.

■ DORADO: Sabiduría

Dorado claro: buen intelecto y capacidad de impartir conocimiento a otros.
Dorado luminoso: positivismo y apoyo a los demás.
Dorado natural: idealista y con principios.
Dorado-amarillo: satisfacción y bienestar físico.

■ GRIS: Convencionalismo

Gris brillante: egoísmo y falta de imaginación.
Gris apagado: aburrimiento, miedo y melancolía.
Gris verdoso: pensamiento negativo.
Gris alrededor de la cabeza: dolor de cabeza.
Gris amarronado: mala salud.
Manchón gris en el cuerpo etéreo: comienzo de una enfermedad.
Gris plomo: dudas.
Gris claro: mala salud y falta de energía.
Gris natural: estresado y extenuado.

■ ROSA: Amor

Rosa claro: compasión.
Rosa coral: incertidumbre e inmadurez.
Rosa puro: ternura y entrega, alegría y optimismo.
Rosa salmón: humanitarismo y amor universal.
Rosa natural: afectuoso, cariñoso y simpático.
Rosa desvaído: dependencia.

■ PLATEADO: Idealismo

Plateado brillante: romántico y de confianza.
Plateado apagado: soñador idealista.
Plateado natural: honorable y honesto.

■ BLANCO: Pureza

Blanco cremoso: humanitarismo e idealismo.
Blanco luminoso: perfección y percepción espiritual.
Blanco natural: perfeccionista.

Apéndice B
Claves para los chakras

Chakra raíz

POSITIVO	NEGATIVO
Activo	Dominador
Ambicioso	Egoísta
Seguro	Egocéntrico
Decidido	Obstinado
Sexual	Sensual
Espontáneo	Impulsivo

Chakra sacro

POSITIVO	NEGATIVO
Adaptable	Apático
Ambicioso	Indiferente
Cooperador	Egoísta
Diplomático	Manipulador
Amistoso	Tímido
Honesto	Superficial
Hospitalario	Excesivamente sensible

Chakra solar

POSITIVO	NEGATIVO
Analítico	Crítico
Cautivador	Superficial
Creativo	Diletante
Elocuente	Frívolo
Entusiasta	Lúgubre
Flexible	Contradictorio
Inspirador	Trivial

Chakra del corazón

POSITIVO	NEGATIVO
Compasivo	Egoísta
Leal	Inseguro
Generoso	Limitado
Formativo	Dominador
Corazón Abierto	Desconfiado
Perseverante	Frustrado
Serio	Rígido
Sincero	Pertinaz

Chakra de la garganta

POSITIVO	NEGATIVO
Adaptable	Errático
Entusiasta	Titubeante
Idealista	Impaciente

Leal Autoritario
Tranquilo Inquieto
Progresista Autocomplaciente

Chakra de la frente

POSITIVO NEGATIVO
Esteta Exigente
Amistoso Temeroso
Generoso Crítico
Inspirado Abrumado
Intuitivo Olvidadizo
Cariñoso Melindroso
Comprensivo Intervencionista

Chakra corona

POSITIVO NEGATIVO
Cautivador Introvertido
Creativo Negativo
Intuitivo Introspectivo
Lógico Crítico
Místico Soñador
Tranquilo Egocéntrico
Equilibrado Aislado
Transformador Intolerante

Glosario

AURA. El aura es un campo de energía invisible que rodea a todas las cosas vivas. No sólo rodea la totalidad del cuerpo, sino que también es parte de cada célula del cuerpo y refleja todas las sutiles energías vitales. En consecuencia, debería considerarse como una extensión del cuerpo en vez de algo que lo rodea. Las auras varían en tamaño y coloración, dependiendo del bienestar y del desarrollo espiritual de la persona.

AURA DE SALUD. Véase **DOBLE ETÉRICO.**

AURA FÍSICA. El aura física está compuesta de materia física y campos de energía que rodean el cuerpo. Como por lo general somos cálidos en relación a nuestro entorno, todos tenemos tasas termales que crean corrientes de aire cerca de nuestros cuerpos. La energía infrarroja es constantemente radiada de nuestros cuerpos. También tenemos campos de iones electrostáticos y eléctricos que nos rodean. Asimismo, emitimos niveles bajos de radiación electromagnética (ondas de radio) y radiación de baja frecuencia de hasta cien kilociclos.

AURAS DE ESTADO DE ÁNIMO. El color básico puede quedar sustituido temporalmente por otros colores de acuerdo con el cambio en nuestros estados de ánimo. El aura de estado de ánimo refleja nuestro estado emocional. Por ejemplo, si estáis disfrutando de un día placentero y de pronto alguien os insultara, vuestra aura respondería para reflejar el cambio súbito en el estado emocional. Este color sería más visible que los colores habituales del aura, hasta que pudierais desprenderos de las emociones.

CAPAS DEL AURA. Véase **CUERPOS SUTILES.**

COLOR BÁSICO. El color básico es el color de fondo del aura y por lo habitual es la primera parte del aura que la gente ve cuando obtiene por primera vez visión áurica. Este color revela qué debería estar haciendo la persona con su vida. La gente que se siente completamente realizada tiene un color básico grande y vibrante, en contraste con el color básico pequeño y pálido de las personas que no tienen ni idea de adónde van.

COLORES SECUNDARIOS. Son los colores que hay dentro del aura que irradian hacia el exterior desde el cuerpo.

CUATERNA. Los cuatro chakras inferiores a menudo reciben el nombre de cuaterna, y se muestran como un cuadrado.

CUERPO ASTRAL. El cuerpo astral (a veces conocido como doble astral o cuerpo emocional) rodea por completo el cuerpo físico, y está compuesta de materia etérea. Los yoguis creen que el alma reside en el cuerpo astral.

CUERPO EMOCIONAL. Véase **CUERPO ASTRAL**.

CUERPO ETÉRICO. El cuerpo etérico duplica el cuerpo físico y se cree que le proporciona a éste energía y un sentido de conciencia. Puede moverse en el espacio, lejos del cuerpo físico, durante breves periodos de tiempo. La Iglesia conoce este fenómeno como *bilocación*, y un ejemplo famoso tuvo lugar en Limoges, Francia, en 1226. San Antonio de Padua conducía un servicio religioso cuando de pronto recordó que debía estar predicando en el otro extremo de la ciudad. Se arrodilló y se cubrió el cuerpo con la túnica mientras la congregación esperaba. En ese mismo instante fue visto por unos monjes en la otra punta de la ciudad leyendo una lección de la Biblia.

CUERPOS SUTILES. Las auras están constituidas por diferentes capas conocidas como cuerpos sutiles. La mayoría de la gente que puede ver auras es capaz de ver al menos tres. Sin embargo, algunas personas son capaces de identificar y ver las siete capas distintas que componen el aura. Éstas son:

1. El Plano Físico Etérico.
2. El Plano Astral.
3. El Plano Mental Inferior.
4. El Plano Mental Superior.
5. El Plano Espiritual.
6. El Plano Intuitivo.
7. El Plano Absoluto.

CHAKRAS. Los chakras son centros neurálgicos de energía situados a lo largo de la columna vertebral en el cuerpo etérico. Absorben y distribuyen las energías física, mental, emocional y espiritual. Los chakras son centrales de energía y, por ello, nuestra energía electromagnética personal es mucho mayor en esos puntos.

Hay siete chkras:

1. *Chakra raíz*, en la base de la columna.
2. *Chakra sacro*, entre el hueso púbico y el ombligo.
3. *Chakra solar*, al nivel del plexo solar.

4. *Chakra del corazón*, entre los omóplatos en línea con el corazón.
5. *Chakra de la garganta*, al nivel de la garganta.
6. *Chakra de la frente*, al nivel de la frente, justo por encima de las cejas.
7. *Chakra corona*, en la parte superior de la cabeza.

DOBLE ETÉRICO. El doble etérico es un entorno extremadamente fino y casi invisible que se extiende entre medio y un centímetro y medio alrededor de todo el cuerpo. Se expande durante el sueño y se contrae cuando estamos despiertos. Cuando la gente desarrolla por primera vez la visión áurica, por lo general ve el doble etérico como un espacio entre el cuerpo físico y el aura propiamente dicha. No obstante, a medida que su visión se desarrolla, adquiere conciencia de que el doble etérico tiene una tonalidad grisácea que crea una amplia variedad de colores casi luminosos que están en constante cambio. El doble etérico a veces es conocido como aura de salud, ya que las enfermedades se pueden ver como un manchón oscuro o una ruptura en los movimientos del aura. Asimismo, la mala salud se puede determinar por la pérdida de coloración en el doble etérico.

FORMAS DE PENSAMIENTO. Nuestros pensamientos pueden volverse temporalmente visibles dentro del aura, en particular si existe un grado de emoción unido a ellos. Se los conoce como formas de pensamiento.

FOTOGRAFÍA KIRLIAN. Un sistema de fotografiar los campos de energía que hay alrededor de todas las cosas vivas. Lo descubrieron, por accidente, Semyon y Valentina Kirlian en la década de 1930.

HALO. En el arte religioso, a menudo se muestra a los santos con un entorno luminoso o dorado alrededor de la cabeza. Se trata de retratos parciales de un aura y se conocen como halos. El conocimiento que se tiene de ellos es muy anterior al cristianismo.

PÉNDULO DE AURA. El péndulo de aura es un péndulo que contiene los siete colores del arco iris y un pequeño indicador. Éste marca el color específico en el que está trabajando en ese momento la persona que lo emplea. Por lo común lo usan los terapeutas de color y los sanadores de chakras.

RESPIRACIÓN DE COLOR. Es un ejercicio que introduce los diferentes colores del arco iris en el cuerpo.

TRINIDAD. Los tres chakras superiores a menudo se mencionan como la trinidad o tríada.

Estos chakras vibran a un nivel superior que el de los cuatro chakras inferiores.

VAMPIRO PSÍQUICO. Los vampiros psíquicos son personas que drenan la energía áurica de otros para incrementar la suya propia. Esto se puede hacer de forma consciente o inconsciente.

ZAHORIAR. Es un método de localizar cosas, por lo general algo que está oculto bajo la superficie de la tierra. Un buen ejemplo es la adivinación por agua. Sin embargo, se puede usar para otros muchos objetivos, como la búsqueda del aura de una persona.

Para escribir al autor

Si desea ponerse en contacto con el autor o quisiera recibir más información sobre este libro, escriba a:

Richard Webster
c/o Llewellyn Worldwide
P.O. Box 64383, Dept. K798-6
St. Paul, MN 55164-0383, U.S.A.

Si escribe desde fuera de los Estados Unidos, adjunte un cupón internacional de respuesta postal.